Cinzia Randazzo

LA "GENERAZIONE" DEL LOGOS E LA NASCITA DI GESÙ NEI PRIMI 4 SECOLI D.C.: MODALITÀ ED EFFETTI ANTROPO-TEURGICI AD ANDAMENTO BINARIO?

Youcanprint *Self - Publishing*

Titolo | La "generazione" del logos e la nascita di Gesù nei primi 4 secoli d.C.: Modalità ed effetti antropo-teurgici ad andamento binario?
Autore | Cinzia Randazzo
ISBN | 978-88-91144-55-3

Youcanprint Self-Publishing
Via Roma, 73 – 73039 Tricase (LE) – Italy
www.youcanprint.it
info@youcanprint.it
Facebook: facebook.com/youcanprint.it
Twitter: twitter.com/youcanprintit

Prefazione

Questo nuovo studio di Cinzia Randazzo dà una buona introduzione sistematica nella relazione tra i vari modi, in cui i padri hanno concettualizzato la generazione dei Logotipi e la nascita di Gesù.

In passato, ambo i temi spesso furono discussi separatamente come avvenne nel dibattito Trinitario (per quanto riguarda la relazione tra Padre e Figlio), mentre il secondo fu discusso alla luce delle controversie Cristologiche.

Quindi il congiungimento dei due temi attraverso i secoli è un'area enorme di ricerca, ed è uno dei conseguimenti di questo studio, il quale ha dato alla comunità di ricerca un'entrata in ciò.

Londra, 6-11-2014

Markus VINZENT,
(Docente ordinario di
storia di teologia patristica
all'Università di Cambridge).

Introduzione

Questo contributo nasce dal fatto che sebbene esistano studi sulla tematica della generazione del Logos e su quella della nascita di Gesù, - la prima riconducibile all'ambito mistico[1] e filosofico-teologico[2], mentre la seconda all'ambito antropologico[3]-ecclesiale[4] e biblico[5] - non esistono studi specifici afferenti il rapporto tra le due tematiche in ambito patristico, limitatamente all'arco di tempo dei primi 4 secoli dell'era cristiana.

A partire da tale premessa, il presente studio si propone, mediante un'analisi dei testi mariani e cristologici relativi ai

---

[1] Cfr. M. VANNINI, *La generazione del Logos da Giovanni a Eckhart*, in M. VANNINI (a cura di), *Storia della mistica occidentale*, Milano 2010, 129-146.

[2] Cfr. D.G. ROBERTSON, *Origen on Inner and Outer Logos*, in *Studia Patristica* 46 (2010), 201-205; M.J. EDWARDS, *Nicene Theology and the Second God*, in *Studia Patristica* 40 (2006), 191-195; D. DAINESE, Fondazione per le scienze religiose "Giovanni XXIII", *Clement of Alexandria's Refusal of Valentinian ἀπόρροια*, in *Studia Patristica* 66 (2013), 33-39.

[3] D. BERTRAND, *Traduction de νοῦς/mens dans les écrits patristiques*, in *Studia Patristica* 40 (2006), 177-181.

[4] H. RAHNER, *La nascita di Dio. La dottrina dei Padri della chiesa sulla nascita di Cristo dal cuore della chiesa e dei credenti*, in H. RAHNER, *Simboli della chiesa. L'ecclesiologia dei Padri*, Cinisello Balsamo 1994, 15-143.

[5] Cfr. M. BRACCI, *Gesù uditore del Padre*, in *Annali di studi religiosi* 15 (2014), 73-89.

primi quattro secoli dell'era cristiana, di illustrare le modalità che permettono al Logos di distinguersi dal Padre - cercando di puntualizzare il rapporto che sussiste tra l'atto del generare e le modalità che implicano tale rapporto – e, dall'altro, gli effetti che scaturiscono da tale rapporto.

In altre parole questo studio mira a individuare i tratti peculiari che stanno alla base della estrinsecazione del Logos dal Padre e al loro conseguente impatto e effetto che questi hanno con la fuoriuscita del Logos, prima in ambito atemporale e dopo in quello temporale.

Si tratta di soppesare in che ordine stiano le modalità e gli effetti inerenti il rapporto che si produce tra la emissione atemporale del Logos e quella storica dello stesso, non escludendo la figura dello S.S. e quella di Maria, unici intermediari – la prima per parte divina e la seconda per parte umana – responsabili nella articolazione e nella gestione di tale rapporto.

L'arco di tempo di cui ci accingiamo a svolgere la presente ricerca parte dal periodo storico dei padri apostolici fino a Giovanni Crisostomo.

Per quanto riguarda le sigle, che compariranno nelle note a piè di pagina, rimandiamo, per la comprensione delle stesse, a quelle che sono elencate nel testo della *Clavis Patrum Graecorum*.[6]

Ringrazio inoltre il Prof. Antonio Castellano per avermi dato preziosi suggerimenti in merito.

---

[6] Cfr. M. GEERARD, *Clavis Patrum Graecorum*, vol. I, Brepols-Turnhout 1983, XIII-XXII.

INDICE

Capitolo primo

LA GENERAZIONE DEL LOGOS

In questa prima tappa della presente ricerca ci prefiggiamo di individuare i tratti caratteristici inerenti le modalità attraverso cui il Logos estrinseca il suo essere da quello del Padre e i conseguenti effetti che si producono, a seguito di questa estrinsecazione del figlio dal Padre, sia nell'essere del Padre che in quello del Figlio.

1. Modalità

Ci accingiamo in questa prima tappa del presente lavoro a illustrare i tratti concernenti le modalità attraverso cui il Logos si appropria una ben distinta individualità, divenendo soggetto distinto dal Padre.

1.1. *Per volontà*

Giustino nella *seconda apologia*, scritta con molta probabilità tra il il 155 e il 160, sostiene che la generazione atemporale del Logos è avvenuta grazie alla volontà del Padre: "*egli fu generato per volere di Dio Padre*".[7]

Anche nel *Dialogo con Trifone* Giustino presenta a Trifone la generazione del Verbo in senso atemporale, cioè quella avvenuta prima che il mondo venisse creato, e precisa che essa avvenne tramite la volontà del Padre:

> Come principio prima di tutte le creature Dio ha generato da se stesso una potenza razionale che lo Spirito santo chiama ora Gloria del Signore, ora Figlio, ora Sapienza (…). I vari appellativi infatti le vengono dal fatto di essere al servizio della volontà del Padre e di essere stata generata dalla volontà del Padre.[8]

In primo luogo Giustino ci dice che questa potenza razionale, identificata col Logos, ossia col Figlio preesistente, proviene dal Padre. Ciò significa, secondo Giustino, che l'essere

---

[7] GIUSTINO, *Apologia* 2,6,5. Ed. crit. M. MARCOVICH, *Iustini martyris. Apologiae pro christianis*, Berlin-New-York 1994, 146. Trad. di C. BURINI (a cura di), *Gli apologeti greci*, Roma 1986, 157.

[8] GIUSTINO, *Dial.* 61,1. Ed. crit. M. MARCOVICH, *Iustini martyris. Dialogus cum Tryphone*, 174-175. Trad. di G. VISONÀ, *S. Giustino. Dialogo con Trifone*, 217. Per l'argomento cfr. in particolare C. RANDAZZO, *Aspetti cristologici nel Dialogo con Trifone. Cristo al centro del dibattito teologico tra il cristiano Giustino e il giudeo Trifone nel Dialogo con Trifone*, Tricase (Le) 2011, 13-19.

del Logos è della stessa entità del Padre, in quanto proviene dalla volontà di Dio. Al fondamento della generazione atemporale del Verbo, o meglio la causa che permette al Logos di essere generato, è la volontà di Dio padre. Il movente della generazione del Logos è la volontà del Padre e, al contempo, quella del Logos che sceglie di fare quello che il Padre gli dice. La modalità della generazione del Logos è reversibile e chiastica al contempo in relazione alla volontà, perché, da una parte, la volontà del Padre è identica a quella del Figlio e, dall'altro lato, nell'unità delle due volontà si consuma, cioè avviene la generazione del Logos dal Padre.

Dall'unione e dalla complicità delle due volontà ne scaturisce la generazione del Figlio dal Padre. Il Figlio è partecipe della volontà progettuale del Padre e, dall'incontro libero e voluto da entrambi, ne consegue l'effetto desiderato.

Sotto questo profilo la generazione poggia le basi sulla deliberata decisione del Padre, alla quale si annette quella del Figlio, poiché essa deriva dall'unione chiastica di entrambi i soggetti – il Padre da una parte e il Figlio dall'altra –. Non esiste opposizione tra le due volontà, ma compartecipazione e comune accordo.

Dalla deliberata comunione di intenti che scaturiscono da soggetti che in potenza sono liberi e uguali sul piano dell'essere, - il Padre da un lato e il Figlio dall'altro - ne consegue l'atto generativo che realizza il progetto comune che, entrambi di reciproco accordo, avevano in mente prima della esternazione del Figlio.

Non solo Giustino ma anche Clemente alessandrino, padre della Chiesa vissuto tra la seconda metà del II secolo e la prima metà del III secolo, aveva precisato, rifacendosi alla metafora del sole, che il Logos *"era sorto (διαδοθεὶς) dalla stessa volontà del Padre"*,[9] perchè era stato *"diffuso a tutti gli uomini, più rapidamente del sole"*.[10] La voce verbale *διαδοθεὶς*, proveniente da *δια+δίδωμι*[11] indica l'atto della donazione che, riferito al Verbo, implica il suo proprio dono al Padre e agli uomini; donazioni che contengono il concetto di relazione: il Figlio si relaziona al Padre, perché dalla volontà del Padre viene generato, e poi agli uomini.

---

[9] CLEMENTE ALESSANDRINO, *Protrettico* 110,3. Ed. crit. e trad. di A. ORBE, *Il Cristo. Testi teologici e spirituali dal I al IV secolo*, Milano 1985, 262-263.
[10] *Ibidem*
[11] *Διαδίδωμι*, in F. MONTANARI, *GI. Vocabolario della lingua greca*, Torino 1995, col. 496.

Anche qui il motore della modalità generativa del Figlio dal Padre è l'unità relazionale, che procede primariamente dalla volontà paterna.

Più in particolare Origene, vissuto tra la fine della seconda metà del II secolo fino ai primi anni della seconda metà del III secolo, aveva chiarito, mediante l'esempio della volontà che procede dall'intelletto, che la generazione del Figlio reca in sé la medesima caratteristica entitaria di cui è formato il Padre, cioè la sua invisibilità:

> Piuttosto, come la volontà procede dall'intelletto senza però dividerne una parte e senza essere da quello separata, dobbiamo pensare che il Padre abbia generato il Figlio, cioè la sua immagine, in modo che, come egli è per natura invisibile, ha generato un'immagine anche invisibile.[12]

Dunque Origene puntualizza che il Figlio, venendo identificato con la volontà del Padre, procede dall'intelletto del Padre, alla stessa stregua della volontà che proviene

---

[12] ORIGENE, *I Principi* I,2,6. Ed. crit. e trad. di A. ORBE, *Il Cristo. Testi teologici e spirituali dal I al IV secolo*, 292-293. Su Origene cfr. lo studio di D. G. ROBERTSON, *Origen on Inner and Outer Logos*, in *Studia Patristica* 46 (2010), 201-205. Secondo ROBERTSON Origene distingue la voce dal linguaggio per evitare la negazione dell'essere del Logos, diversamente dagli eretici che lo concepirono semplicemente come la voce o espressione di Dio.

dall'intelletto; per questo motivo il Figlio conserva intatta la sua invisibilità come quella del Padre.

A partire da tale quadro si nota che anche in Origene, come in Clemente alessandrino e in Giustino, il movente della modalità generativa è l'unione che sussiste tra il Padre e il Figlio, come tra la volontà e l'intelletto, perché tra loro non esiste alcuna ombra di divisione.

In particolar modo Gregorio di Nazianzo, uno dei tre grandi cappadoci della fine del IV secolo, chiarifica che ciò che sta alla base della generazione del Logos è proprio il concetto della relazione che scaturisce da quello della paternità:

> padre non è nome né di essenza né di azione, lo è invece di relazione ed indica il rapporto che unisce il Padre al Figlio o il Figlio al Padre. Come infatti tra noi uomini queste denominazioni esprimono una genuina appartenenza alla famiglia, così in Dio designano che il generato possiede identità di natura con il genitore.[13]

---

[13] GREGORIO DI NAZIANZO, *Oratio* XXIX,16. Ed. crit. J.C. HAELEWYCK, CCSG 65,190-196. Trad. di F. TRISOGLIO, *Cristo nei Padri. I cristiani delle origini dinanzi a Gesù. Antologia di testi*, Brescia 1981, 82.

Soffermandosi su questo punto Gregorio determina la base su cui poggia la modalità generazionale; medesima modalità che emerge sotto svariati nomi: cioè l'unità fondata sulla relazione che sussiste tra il Padre e il Figlio.

Similmente si pronuncia Ippolito, discepolo di Ireneo. Egli specifica che la generazione del Logos avvenne per volontà del Padre, ovvero per propria decisione: *"Verbo, che Dio Padre ha generato per propria decisione, così come egli volle"*.[14] Anche in questo caso il Padre decide perché nella sua sapienza c'era il Figlio, che era a lui immanente ed a lui si relazionava. Non può esservi decisione se manca l'altro soggetto della relazione che, nei riguardi del Padre, era proprio il Figlio. A partire da tale ottica qui Ippolito Romano fonda la modalità generativa del Logos proprio sull'unità relazionale che esisteva tra il Padre e il Figlio, in quanto la volontà del Padre si relazionava a quella del Figlio, dal momento che il Padre e il Figlio sono due soggetti distinti e relazionali e non *"modi"* della natura divina, come invece faceva intendere Sabellio.

---

[14] IPPOLITO, *contro Noeto* 16,4. Ed. crit. R. BUTTERWORTH, *contra Noetum*, London 1977, 81.83. Trad. di F. TRISOGLIO, *Cristo nei Padri. I cristiani delle origini dinanzi a Gesù. Antologia di testi*, 353.

1.2. *Per potenza*

Un'altra modalità con la quale il Padre genera il Figlio è la potenza.

Infatti in 128,4 Giustino aggiunge che il Padre genera il Verbo con la sua potenza:

> Che poi questa potenza che la parola profetica - come ugualmente è stato più volte dimostrato- chiama anche Dio e angelo non si distingua solo di nome, come la luce del sole, ma sia numericamente distinta, è questione che ho brevemente trattato sopra, là dove dicevo che si tratta di una potenza sì generata dal Padre con la sua potenza (δυνάμει) e volontà.[15]

La *δύναμις* è un termine che riecheggia la potenza del logos generatore nello stoicismo: il logos infonde il suo seme vivificatore nella materia, fecondandola e producendo gli esseri nel mondo.[16]

---

[15] GIUSTINO, *Dialogo con Trifone* 128,4. Ed. crit. M. MARCOVICH, *Iustini martyris. Dialogus cum Tryphone*, 293. Trad. di G. VISONÀ, *S. Giustino. Dialogo con Trifone*, 361.

[16] Cfr. C. RANDAZZO, *Aspetti cristologici nel Dialogo con Trifone. Cristo al centro del dibattito teologico tra il cristiano Giustino e il giudeo Trifone nel Dialogo con Trifone*, Tricase 2011, 25-28.

16

L'atto della fuoriuscita del Logos (Cristo) è stato possibile grazie alla potenza del Padre, in forza della quale il Logos ha il potere di estendere la sua virtù fecondatrice e ordinatrice alla materia preesistente. Qui ciò che realizza il passaggio dalla potenza all'atto è il vigore che scaturisce dal Padre, dal cui vigore si origina il Figlio, in quanto il Figlio è potenza generata dal Padre. Nella potenza si avverte l'unione chiastica tra Padre e Figlio, perché la potenza, che scaturisce dal Padre, si identifica col Figlio, potenza generata. La nota equazione - potenza che scaturisce dal Padre e potenza generata dal Padre – ha il suo punto di incontro chiastico nel Figlio, perché in lui si identificano le due potenze. Si assiste anche a una vera e propria comunione di potenze tra Padre e Figlio, in quanto quella del Padre si identifica con quella del Figlio.

Mentre precedentemente Giustino aveva posto l'accento sulla volontà, implicando la soggettività del Padre e quella del Figlio, ora avendolo posto sulla potenza, ne implica più che la soggettività la loro oggettività potenziale, facendo intuire che l'atto generativo avviene perché scaturente dal potere del Padre, oltre che dalla sua deliberata volontà.

Comunque, sia nell'atto generativo scaturente dalla volontà che in quello scaturente dalla potenza, la modalità è la stessa, in quanto essa risiede nella compartecipazione o comunione – nella prima di voleri e nella seconda di poteri.

Da ciò ne deriva che la sussistenza del Logos è dovuta all'atto della generazione del Padre, grazie al quale il logos è distinto numericamente dal Padre:

> la parola mostrava che questo rampollo era stato generato dal Padre prima di qualunque creatura, e ciò che è generato è numericamente distinto da ciò che genera.[17]

Più tardi Novaziano chiarisce contro i sabelliani che il fondamento su cui si instaura l'unità del Figlio col Padre è la connessione, non l'unità della persona. Ciò che consente al Padre e al Figlio di essere una cosa sola è la modalità dell'amore e della concordia:

> Infatti «una cosa sola», messo al neutro, indica la concordia della connessione, non l'unità della persona. Viene appunto detto che sia una cosa sola non "uno solo", perché non viene riferito al numero, ma enunciato in rapporto alla connessione con l'altro (…). Il dire poi una cosa sola concerne la concordia

---

[17] GIUSTINO, *Dialogo con Trifone* 129,4. Ed. crit. M. MARCOVICH, *Iustini martyris. Dialogus cum Tryphone*, Berlin-New-York 1997, 294. Trad. di G. VISONÀ, *S. Giustino. Dialogo con Trifone*, Milano 1988, 362-363.

e l'identità di parere e mira proprio alla connessione dell'amore, di modo che, attraverso la concordia, l'amore e l'affetto, il Padre e il Figlio risultano a buon diritto una cosa sola.[18]

1.3. *Per emissione*

In 62,4 Giustino aggiunge che la modalità, attraverso cui il Figlio esce dal Padre, è l'emissione:

E' invece questo rampollo, veramente emesso (προβληθὲν γέννημα) dal Padre, prima di tutte le creature, che era presente con il Padre, ed è a lui che il Padre si rivolge, come ha indicato la parola detta per mezzo di Salomone, poiché proprio lui era stato generato da Dio come principio prima di tutte le creature e come rampollo, che Salomone chiama Sapienza.[19]

---

[18] NOVAZIANO, *sulla Trinità* 27,3-4. Ed. crit. G.F. DIERCKS, *Novatiani opera, Corpus Christianorum, series latina*, vol. IV, Turnholti 1972, 64. Trad. di F. TRISOGLIO, *Cristo nei Padri. I cristiani delle origini dinanzi a Gesù, antologia di testi*, 65.
[19] GIUSTINO, *Dial.* 62,4. Ed. crit. M. MARCOVICH, *Iustini martyris. Dialogus cum Tryphone*, 177. Trad. di G. VISONÀ, *S. Giustino. Dialogo con Trifone*, 221: γέννημα indica il prodotto dell'atto generativo, mentre il verbo προβάλλειν è tecnico per indicare l'emissione del figlio dal Padre secondo uno schema caro agli apologisti ed elaborato soprattutto da Teofilo di Antiochia, che prevede due fasi nella preesistenza del Verbo, prima

A differenza del verbo γεννᾶν, indicante l'eternità del Logos, il verbo προβάλλειν, essendo a metà strada tra il γεννᾶν e il γίνομαι (divenire in senso temporale), verrebbe ad indicare il lancio del Logos dal Padre. In questo caso l'emittente, che è il Logos, è il primo prodotto del Padre, intendendo con prodotto non la sua estraneità ontologica dal Padre, ma la sua somiglianza ontologica col Padre. In poche parole l'essere del Logos, pur provenendo dal Padre, non è il Padre, ma è altro dalla seità del Padre. Egli è altro dal Padre, non alla maniera di colui che produce qualcosa, per cui tra il produttore e il prodotto in sé non esiste alcuna compartecipazione ontologica come tra il pasticcere e il dolce (il pasticcere è di altra composizione rispetto al dolce), mentre tra l'emittente e l'emesso sussiste in qualche modo questa compartecipazione, come il fiato emesso

immanente nel Padre, e quindi da questi emesso in vista della creazione. Cfr. TEOFILO DI ANTIOCHIA, *ad Autolico* 2,22. Ed. crit. M. MARCOVICH, *Tatiani, Oratio ad Graecos. Theophili Antiocheni, ad Autolycum*, Berlin-New York 1995, 70. La *probolè* viene ripresa da Tertulliano nel *contro Prassea* 8,5. Ed. crit. A. KROYMANN – E. EVANS, Q.S.FL. *Tertulliani, Adversus Praxean, Corpus christianorum, series latina*, vol. II, Turnholti 1954, 1167-1168. Questo schema fu abbandonato perché se salvava l'unità della divinità non difendeva altrettanto bene l'autonoma sussistenza del Figlio ab aeterno: la coesistenza del Figlio e del Padre, di cui Giustino parla in questo paragrafo, si riferisce al Figlio già emesso. Vedi a tal riguardo A. ORBE, *Hacia la primera teologia de la procesion del Verbo*, Roma 1958, 568-574. Cfr. anche CLEMENTE ALESSANDRINO, *Protrettico ai greci* X,110,3. Ed. crit. C. MONDÉSERT, *Clément d'Alexandrie, Le protreptique*, Paris 2004, 178.

dall'uomo: il fiato è altra cosa dall'uomo, ma al contempo il fiato è parte integrante dell'uomo e fa parte della sua stessa struttura ontica. Come l'uomo non può fare a meno del suo fiato, così Dio Padre non può fare a meno del suo Logos, tra i due sussiste uno stretto legame di unione proprio a livello dell'essere.

Sotto questo profilo il Logos verrebbe ad essere nel pensiero di Giustino il Primo (*πρό*) essere che il Padre, alla maniera del fiato, ha gettato fuori (*βάλλειν*) dal suo stesso essere. Il verbo greco *προβάλλειν*, significante spingere avanti, buttare fuori,[20] è significativo in ordine all'attività del Padre nei riguardi del Figlio ancora prima della creazione del mondo. Tale verbo deriva dall'unione di *πρo* (prima) e di *βάλλειν* (gettare, lanciare, scagliare, spingere[21]), dalla cui unione proviene il significato di gettare innanzi, mettere avanti, mettere fuori.[22]

In relazione a tale forma verbale si evince che l'autore voglia affermare l'iniziativa divina, perché è lui che "*getta innanzi*" il Logos, alla maniera di colui che fa il tiro a segno: è lui che lancia il giavellotto, il quale giavellotto assume una connotazione passiva, in quanto viene scagliato dal lanciatore.

---

[20] *Προβάλλω*, in H. BALZ-G. SCHNEIDER, *Dizionario Esegetico del Nuovo Testamento*, vol. 2, Brescia 1998, col. 1101.

[21] *Βάλλω*, in L. ROCCI, *Vocabolario greco-italiano*, Città di Castello 1961, col. 339-340.

[22] *Προβάλλω*, in L. ROCCI, *Vocabolario greco-italiano*, col. 1560-1561.

Allo stesso modo l'azione del mettere avanti e del gettare innanzi il Logos proviene dall'insindacabile e previa iniziativa del Padre, al quale il Logos si sottomette passivamente, alla stessa stregua di un giavellotto.

Se il gettito del Figlio dal Padre non comporta, secondo Giustino, alcuna cesura o divisione nell'essere del Padre (*Dial* 127), dall'altro la fuoriuscita del Logos dal Padre implica l'alterità ontologica del Figlio dal Padre, perché l'emesso, che è il Logos, è altro dal Padre. A partire da tale quadro l'emissione del Logos determina in lui una sorta di passività, perché egli si piega agli ordini del Padre.

Tale proferimento comporta una necessità passiva sia da parte del Padre, perché il Padre non può fare a meno di espellere il Logos, sia da parte del Logos perché egli mostra la sua duttilità e il suo ripiegamento ai comandi del Padre, subendo passivamente l'azione del Padre.

Un termine simile al precedente è προπηδᾶν che significa *"balzare avanti, balzare prima, slanciarsi prima"*,[23] il quale viene impiegato da Giustino per indicare il previo balzare fuori del Logos dal Padre e il suo rientro nel Padre secondo il libero

---

[23] Προπηδάω, in F. MONTANARI, *Gl. Vocabolario della lingua greca*, col. 1696-1697.

arbitrio del Padre: *"Così sostengono, il Padre quando vuole proietta fuori (προπηδᾶν) la sua potenza e quando vuole la riconduce di nuovo a sè"*.[24] Tale verbo è indice della docilità del Verbo nei confronti della volontà del Padre, per cui nella disponibilità del Verbo rifulge la volontà del Padre.

Il silenzio pre-pasquale ha il suo incipit nell'emissione del Logos che passivamente e necessariamente ha obbedito agli ordini del Padre. Nel sabato protologico si origina, mediante l'emissione del Logos, il silenzio primordiale, prototipo del silenzio che il Logos sofferente concretizza nel sabato pasquale.

Nell'emettere il Logos, il Padre resta unito al Figlio e viceversa. Tertulliano ce ne dà testimonianza attraverso l'immagine del sole:

> Diciamo che questo spirito è stato proferito da Dio, e con la emissione generato, e perciò detto figlio di Dio e Dio, per l'unità di sostanza; perché anche Dio è spirito. 12. Così quando un raggio è lanciato dal sole, è una porzione emessa dal tutto, ma il sole sarà nel raggio, perché è un raggio di sole; e la sostanza non viene separata, bensì si estende come una luce

---

[24] GIUSTINO, *Dialogo con Trifone* 128,3. Ed. crit. M. MARCOVICH, *Iustini martyris. Dialogus cum Tryphone*, Berlin-New-York 1997, 293. Trad. di G. VISONÀ, *S. Giustino. Dialogo con Trifone*, 360.

accesa dalla luce. La materia matrice rimane integra e per nulla diminuita, anche se comunica la sua natura attraverso molte propaggini. 13. Così ciò che è uscito da Dio è Dio, e figlio del Dio, e tutti e due un solo Dio. Così lo spirito uscito dallo Spirito, e Dio venuto da Dio, è diverso secondo misura e se ne distingue secondo il grado, non secondo la condizione essenziale; non si è staccato dalla matrice, ma ne è uscito.[25]

L'azione dell'emettere il Figlio, propria del Padre, implica l'unità ontologica tra il Padre e il Figlio, per cui l'emissione avviene in forza dell'unità congenita che sussiste permanentemente tra il Padre e il Figlio. Alla base della emissione del Figlio sta l'unità ontologica del Figlio col Padre. In poche parole è l'unità che fonda la stessa modalità dell'emissione, scaturita dal Padre.

Similmente Clemente Alessandrino afferma l'unità nell'atto della emissione del Figlio, il quale, pur venendo emesso dal Padre, rimane, quanto al suo substrato ontico, nel seno del Padre:

---

[25] TERTULLIANO, *Apologia* 21,11-13. Ed. crit. e trad. di A. ORBE, *Il Cristo. Testi teologici e spirituali dal I al IV secolo*, 210-211.

E il Figlio Unigenito, rimanendo nel seno del Padre, spiega agli eoni il Pensiero per mezzo della conoscenza, in quanto anche lui era stato emesso (προβληθείς) dal seno del Padre. Ma d'altra parte qui in terra non già l'Unigenito è stato visto, ma «come Unigenito» è stato chiamato dall'apostolo «gloria di colui che è come l'Unigenito», poiché, essendo uno e lo stesso, Gesù nella creazione è il Primogenito, e nel Pleroma è l'Unigenito. Ma è sempre lo stesso, perché in ciascun luogo è tale quale può essere compreso. 4. E mai colui che è disceso si divide da colui che è rimasto. Dice infatti l'apostolo: «Colui che è asceso è lo stesso che è disceso».[26]

Ciò che fonda la modalità dell'emissione del Figlio è ancora una volta per Clemente Alessandrino l'unità che esiste tra il Padre e il Figlio.

In questa modalità è predominante la soggettività e l'azione teurgico-balistica propria del Padre, perché da lui il Figlio viene emesso.

---

[26] CLEMENTE ALESSANDRINO, *Estratti di Teodoto* 7,3-4. Ed. crit. e trad. di A. ORBE, *Il Cristo. Testi teologici e spirituali dal I al IV secolo,* 274-275.

1.4. *Per espressione*

Susseguente al progetto creativo di Dio è la generazione del Logos per proferimento da parte di Dio: "*E quando Dio volle creare quanto aveva deliberato, generò (ἐγέννησεν) questo Verbo capace di parlare (προφορικόν)*".[27] La forma verbale *προφορικόν*, risultante da *πρό* e *φορέω*[28] indica che l'azione del Padre è quella di portare fuori il Logos che aveva dentro di sé, avendolo insignito della facoltà orale, perché lo ha dotato della capacità di parlare.

Il Verbo assume la connotazione di essere proferito, alla maniera di una parola che viene pronunziata da colui che la genera. Tra il generante e il proferito esiste unità di intenti e di azioni, perché ciò che il Padre aveva in mente di fare lo esterna tramite il Logos che diviene Parola proferita. Egli è la prima Parola del Padre, nella quale si riassume il progetto del Padre, portandolo a compimento con l'azione del proferire. Tale unità di intenti viene condivisa dal Logos che diviene il mediatore nella espressione di questo progetto del Padre.

---

[27] TEOFILO, *ad Autolico* 2,22,4. Ed. crit. M. MARCOVICH, *Tatiani oratio ad Graecos. Theophili Antiocheni, ad Autolycum*, Berlin-New-York 1995, 70. Trad. di C. BURINI, *Gli apologeti greci,* 407.
[28] *Φορέω*, in F. MONTANARI, *Gl. Vocabolario della lingua greca*, col. 2176-2177.

L'unità di intenti tra il Logos e il Padre viene resa esplicita nella pronunzia del Logos, grazie al quale furono create le cose che ci sono nel mondo: *"Primogenito di tutta la creazione, e senza privarsi del Verbo, ma avendo generato il Verbo e sempre con il suo Verbo rimanendo unito"*.[29]

Si evince che anche nella modalità della prolazione il trampolino di lancio rimane sempre l'unione tra il Padre e il Figlio, condizione senza la quale non è possibile al Padre proferire il Figlio.

Riguardo sempre alla Parola proferita, Ippolito chiarisce che questa parola, che prima era nel Padre e a lui solo visibile, viene proferita per essere visibile al mondo creato:

> Ha generato il Verbo, capostipite e consigliere e operatore di ciò che viene creato. Questo Verbo che è invisibile quando è in lui, lo fa visibile al mondo creato. Pronunciandolo (φθεγγόμενος) come prima parola e generandolo come luce da luce, inviò alla creazione come Signore il proprio intelletto, che prima era visibile solo a lui. Rende visibile al mondo creato colui che era invisibile, affinché il mondo

---

[29] TEOFILO, *ad Autolico* 2,22,4. Ed. crit. M. MARCOVICH, *Tatiani oratio ad Graecos. Theophili Antiocheni, ad Autolycum*, Berlin-New-York 1995, 70. Trad. di C. BURINI, *Gli apologeti greci*, 407.

possa essere salvato, avendolo visto grazie alla sua manifestazione.[30]

Il verbo $\varphi\theta\acute{\epsilon}\gamma\gamma o\mu\alpha\iota$, che significa esprimere, proferire, emettere e pronunciare,[31] è impiegato da Ippolito per rendere bene l'idea che il Figlio è stato proferito dal Padre alla maniera della Parola che mantiene unito il legame con colui che la pronuncia, in questo caso con il Padre, in quanto il pronunciato esprime tale e quale il pensiero del pronunciante e non viceversa.

Questa parola, dunque, si identifica con l'intelletto del Padre, per cui tra il Padre e tale Parola c'è unità a livello della profondità dell'essere.

Come si vede anche in Ippolito il motore che dà il via alla modalità generativa del Logos, modalità che si rende visibile nella prolazione, è sempre l'unione.

---

[30] IPPOLITO, *contro Noeto* 10,4. Ed. crit. e trad. di A. ORBE, *Il Cristo. Testi teologici e spirituali dal I al IV secolo*, 348-349.
[31] $\varPhi\theta\acute{\epsilon}\gamma\gamma o\mu\alpha\iota$, in F. MONTANARI, *GI. Vocabolario della lingua greca*, col. 2147-2148.

1.5. *Per emanazione*

Un'altra modalità con la quale Dio ha generato il Logos è quella della emanazione. Tale modalità è espressa da Teofilo di Antiochia:

> Poiché Dio aveva il proprio Verbo immanente nel proprio cuore, lo generò (ἐγέννησεν) insieme alla sua sapienza emanandolo (ἐξερευξάμενος) prima di tutte le altre cose.[32]

Tale forma verbale proviene dal verbo ἐξερεύγω significante l'azione del vomitare, del rigettare[33] e quindi dell'emettere. Esso è formato dalla particella ἐξ + il verbo ἐρεύγομαι, indicante la facoltà di vomitare, di rigettare fuori,[34] nonché dell'eruttare. Con tale verbo si evince il carattere di necessità nell'azione dell'eruttare da parte del Padre, perché non può fare a meno di espellere il Figlio.

Sotto questo profilo la generazione del Figlio è il risultato finale della facoltà di espulsione propria del Padre; facoltà che traina un senso di coercizione, dal momento che il

---

[32] TEOFILO, *ad Autolico* 2,10,2. Ed. crit. M. MARCOVICH, *Tatiani oratio ad Graecos. Theophili Antiocheni, ad Autolycum*, Berlin-New-York 1995, 53. Trad. di C. BURINI, *Gli apologeti greci*, 391.

[33] Ἐξερεύγω, in L. ROCCI, *Vocabolario greco-italiano*, Città di Castello 1961, col. 665.

[34] Ἐρεύγομαι, in L. ROCCI, *Vocabolario greco-italiano*, col. 761.

rigetto del Verbo avviene indipendentemente dalla sua volontà.

Un caso simile lo vediamo nell'ape: egli, indipendentemente dalla sua volontà, vomita quello che noi chiamiamo miele; la stessa cosa avviene nell'uomo quando espelle involontariamente qualcosa. Ciò che viene espulso – in questo caso il Verbo – è il frutto dell'involontario rigetto del Figlio da parte del Padre. In questa sua azione coercitiva e non propriamente voluta, pare rileggere la concezione del Dio di Moltmann, un Dio che getta fuori il Figlio, che lo espelle quasi meccanicamente perché non ne può fare a meno. E' un Dio che vomita il Figlio, che non può stare più nel seno del Padre perché incombe la necessità dell'eruzione, dell'allontanamento del Figlio dal Padre, mediante appunto la modalità involontaria dell'emissione. In questo caso la posta in gioco non è la prioritaria iniziativa del Padre che liberamente e per proprio libero arbitrio decide di emettere il Figlio, ma è l'esorbitante pienezza divina del Padre che fa *vomitare* il Figlio, indipendentemente dalla sua volontà. Egli vomita il Figlio non in forza della sua deliberata volontà, ma in forza della sua incommensurabile pienezza. In poche parole è l'abbondante densità della vita divina, racchiusa nelle membra del Padre e di cui egli ne è costituito, il movente della sua azione teurgica volta a mandare fuori da sé il Figlio.

E' la sovrabbondanza della pienezza di vita insita in Dio il motivo per cui Dio vomita il Figlio, alla stessa stregua di colui che nel linguaggio corrente vomita. Egli vomita perché nelle sue interiora si è accumulata una sovrabbondante quantità di viveri che gli hanno ostacolato il corretto flusso digestivo. Vediamo il parallelismo fondato sulla sovrabbondanza in ambedue i casi: nel primo è la sovrabbondanza della pienezza di vita del Padre, nel secondo è la sovrabbondanza dei viveri che l'uomo ha nello stomaco, i quali gli impediscono una regolare digestione.

Un altro termine con cui viene espresso il concetto di emanazione è *ἀπόρροια*[35], citato in Sap 7,25-26. Origene riprende tale testimonium scritturistico per mostrare che il Logos è sapienza che promana da Dio, effondendo la sua gloria:

E troviamo ancora nella Sapienza attribuita a Salomone una descrizione della sapienza di Dio concepita in questi termini: «E' soffio della potenza

---

[35] *Ἀπόρροια*, in F. MONTANARI, *Gl. Vocabolario della lingua greca*, col. 293. Cfr. D.G. ROBERTSON, *Origen on Inner and Outer Logos*, in *Studia Patristica* 46 (2010), 201-205.

di Dio ed effusione (ἀπόρροια) purissima della gloria dell'onnipotente (…) (Sap 7,25-26)».[36]

Tale termine, proveniente da *ἀπορρέω*, designa, riferito al Figlio, lo *"sgorgare, scorrere"*[37] del Figlio dal Padre. Tale voce verbale, derivante dall'unione di *ἀπό* + *ῥέω*, indicante il *"fluire, lo spandersi, il versare, il grondare"*[38], applicato al Verbo, mostra che il suo fluire discende dal Padre in senso remoto, non in quello diretto.[39] Egli si avvale di tale forma verbale per rendere noto che il Figlio originariamente discende dal Padre, nel senso che la sua origine remota proviene dal Padre, ovvero il suo lignaggio in senso remoto discende da Dio, mentre in senso diretto egli proviene dalla stirpe di Davide, essendo figlio diretto, quanto alla carne, di Maria discendente dal casato di Davide.

---

[36] ORIGENE, *Principi* I,2,5. Ed. crit. e trad. di A. ORBE, *Il Cristo. Testi teologici e spirituali dal I al IV secolo*, 290-293. Cfr. D. DAINESE, Fondazione per le scienze religiose "Giovanni XXIII", *Clement of Alexandria's Refusal of Valentinian ἀπόρροια*, in *Studia Patristica* 66 (2013), 33-39.

[37] *Ἀπόρρέω*, in F. MONTANARI, *GI. Vocabolario della lingua greca*, col. 293.

[38] *ῥέω* in F. MONTANARI, *GI. Vocabolario della lingua greca*, col. 1782-1783.

[39] *Ἀπό*, in F. MONTANARI, *GI. Vocabolario della lingua greca*, col. 269.

Un pensiero simile ricorre in Giustino, il quale precisa che il movimento del fluttuare e del rifluire, proprio del Logos, deriva dalla volontà del Padre:

Questa potenza, dicono, è indivisibile e inseparabile dal Padre, così come la luce del sole sulla terra è indivisibile e inseparabile dal sole che è in cielo: quando questi tramonta, con lui se ne va anche la luce. Così, sostengono, il Padre quando vuole proietta fuori la sua potenza e quando vuole la riconduce di nuovo a sé.[40]

1.6. *Per produzione e processione*

Un'altra modalità, attraverso la quale il Verbo viene generato, è quella della produzione. Ce ne dà testimonianza Tertulliano:

Dio produsse il Verbo, come c'insegna anche il Paraclito, nella stessa guisa in cui la radice produce l'arbusto, la fonte il fiume e il sole il raggio. Infatti anche questi oggetti sono produzioni di quelle sostanze dalle quali procedono. Non avrei nessun

---

[40] GIUSTINO, *Dialogo con Trifone* 128,3. Ed. crit. MARCOVICH, *Iustini martyris. Dialogus cum Tryphone*, 292-293. Trad. di G. VISONÀ, *S. Giustino. Dialogo con Trifone*, 360.

dubbio a dichiarare il Figlio arbusto della radice, fiume della fonte e raggio del sole, poiché ogni origine è padre e tutto ciò che viene prodotto dall'origine è progenie e lo è molto di più il Verbo di Dio (...). E tuttavia non si distingue l'arbusto dalla radice, né il fiume dalla fonte, né il raggio dal sole, come neppure il Verbo da Dio. 6. Quindi in base allo schema concettuale di questi esempi proclamo di menzionare due persone, Dio e il suo Verbo, il Padre e il Figlio di lui. Infatti anche la radice e l'arbusto sono bensì due cose, ma sono congiunte, e la fonte e il fiume sono due oggetti, ma sono indivisi, ed il sole e il raggio sono due aspetti ma sono connessi.[41]

Attraverso la modalità della produzione il Padre genera il Verbo in connessione stretta con lui. Ciò che permette al Padre di produrre il Logos è l'intima congiunzione che sussiste tra il Padre e il Figlio, alla maniera di un arbusto che prende nutrimento dalla radice e che con questa è congiunto, senza la quale non potrebbe vivere.

---

[41] TERTULLIANO, *contro Prassea* 8,5-6. Ed. crit. A. KROYMANN-E. EVANS, Q.S.FL. TERTULLIANI, *Adversus Praxean, Corpus Christianorum, series latina*, vol. II, Turnholti 1954, 1167-1168. Trad. di F. TRISOGLIO, *Cristo nei Padri. I cristiani delle origini dinanzi a Gesù, antologia di testi*, 64.

Anche nel *contro Marcione* Tertulliano mostra che il Verbo è alle dipendenze del Padre, in quanto fin dall'inizio lo ha prodotto per essere a disposizione di Dio Padre:

Anche noi professiamo che Cristo sempre ha agito in nome del Dio Padre, che fin dall'inizio era stato lui ad avere rapporto, lui ad incontrare i patriarchi e i profeti, il Figlio del Creatore, il suo Verbo, che Dio, producendo da se stesso, rese suo Figlio e prepose quindi a tutto il disegno e alla sua volontà.[42]

Come possiamo vedere alla base della modalità della produzione c'è la partecipazione unitaria del Figlio con il Padre, perché il Figlio non fa niente senza Dio Padre.

Tornando al testo del *contro Prassea*, susseguente alla modalità della produzione è quella della processione:

Tutto ciò che procede da un qualche cosa, deve necessariamente essere secondo rispetto a ciò da cui procede, senza esserne tuttavia perciò separato. Ma dove c'è un secondo, sono in due e dove c'è un terzo, sono in tre. Terzo è infatti lo Spirito che proviene da Dio e dal Figlio, come terzo a partire dalla radice è

---

[42] TERTULLIANO, *contro Marcione* 27,3. Ed. crit. e trad. di A. ORBE, *Il Cristo. Testi teologici e spirituali dal I al IV secolo*, 210-211.

il frutto che deriva dall'arbusto, terzo a partire dalla fonte è il canale che deriva dal fiume e terzo a partire dal sole è la cuspide che deriva dal raggio. Niente tuttavia si estrania dalla sua matrice, da cui trae le sue proprietà. Così la Trinità, discendendo dal Padre attraverso una serie di gradi intrecciati e congiunti, non disturba affatto l'unità (di Dio) e tutela la condizione della processione.[43]

Con questa modalità della processione Tertulliano vuole mostrare a Prassea che l'essere del Logos, benché posto in secondo ordine rispetto a quello del Padre, non rimane separato da quello del Padre. Con ciò egli vuole far notare a Prassea che la processione non implica la separazione, anzi essa è fondata dall'unione col Padre.

Il fatto stesso che il Verbo procede dal Padre, divenendo un secondo dio, non comporta iato tra l'essere del Padre e quello del Figlio, anzi la processione è sostenuta dall'unione col Padre, altrimenti il Verbo non potrebbe essere figlio. Il Verbo in quanto procede dal Padre diviene un secondo dio, ma questo secondo

---

[43] TERTULLIANO, *contro Prassea* 8,7. Ed. crit. A. KROYMANN-E. EVANS, Q.S.FL. TERTULLIANI, *Adversus Praxean, Corpus Christianorum, series latina*, vol. II, 1168. Trad. di F. TRISOGLIO, *Cristo nei Padri. I cristiani delle origini dinanzi a Gesù, antologia di testi*, 64.

dio non può separarsi dal Padre, perché egli trae la linfa vitale dal Padre a cui è intimamente e necessariamente unito.

In particolar modo Tertulliano, con la metafora del fiume e dell'arbusto, fa intuire a Prassea che il Figlio, in qualità di un secondo Dio, non si separa dal Padre, ma procede dal Padre, perché da Lui derivano le sue proprietà e il suo stesso essere, come il fiume che non si estrania dalla fonte, perché da questa attinge le acque e come anche il frutto che non si separa dall'arbusto, perché da questo riceve il nutrimento fondamentale per la sua crescita.

1.7. *Per unzione*

Lo ps. Clemente annovera anche la modalità dell'unzione:

Poiché il figlio di Dio e signore di ogni cosa si fece uomo, fin dall'inizio questo uomo fu unto dal Padre con l'olio che era stato tratto dall'albero della vita. 5. E' detto Cristo a causa di quella unzione. E in conformità al piano del Padre, Cristo stesso ungerà con un olio simile tutti i giusti, a misura che arrivano al suo regno, in quanto avranno superato le asperità della vita, per alleviare le loro fatiche e affinché risplenda la loro luce, e, pieni di Spirito santo, ricevano il dono dell'immortalità.[44]

Il Logos, ancora prima dell'inizio della creazione, ha ricevuto il nome di Cristo dal Padre perché il Padre sapeva che, in sintonia con il suo piano di salvezza, egli era tutto dedito a propagare la vita e non la morte; per questo motivo è stato unto dal Padre stesso con l'olio tratto dall'albero della vita. Cristo è stato consacrato dal Padre per dare la vita al mondo, perché ha ricevuto il sigillo di questa sua missione dal Padre con l'olio della vita. L'origine della modalità dell'unzione è uguale alle altre: la compartecipazione del Logos col Padre, perché egli sceglie la vita e non la morte ancora prima che il mondo venisse creato.

Allo stesso modo si esprime Giustino:

è chiamato Cristo perché è stato unto e perché Dio per mezzo di lui ordinò tutte le cose (…). 5. Come abbiamo già detto, si è fatto anche uomo, partorito per volontà di Dio Padre, per la salvezza degli uomini credenti e lo sterminio dei demoni.[45]

---

[44] Ps. CLEMENTE, *Riconoscimenti* 45,4-5. Ed. crit. e trad. di A. ORBE, *Il Cristo. Testi teologici e spirituali dal I al IV secolo*, 28-29.
[45] GIUSTINO, 2 *Apologia* 6,3-5. Ed. crit. e trad. di A. ORBE, *Il Cristo. Testi teologici e spirituali dal I al IV secolo*, 66-67.

Per Giustino l'unzione del Logos è appannaggio della sua condivisione con la volontà del Padre, perché egli, scegliendo il bene e la vita, è stato insignito della potestà di ordinare tutte le cose dallo stesso Padre. La unzione di Cristo si rivela non solo nella sua facoltà di mediatore nella creazione, ma anche in quella di mediatore nella salvezza terrena, perché venne nel mondo per ridare la vita e per sconfiggere il male.

Più in particolare Ireneo di Lione precisa che l'unzione di Cristo implica l'attività di tre persone, cioè del Cristo che fu unto, del Padre che unse e dello Spirito che permise tale unzione:

> nel nome di Cristo infatti si sottintende colui che unse, colui che fu unto, e la stessa unzione con cui fu unto. Difatti il padre unse e il Figlio fu unto, nello Spirito che è l'unzione. Come dice il Verbo mediante Isaia: «Lo Spirito di Dio è sopra di me, perciò mi unse» (Is 61,1), indicando il Padre che unse, il Figlio che fu unto, e l'unzione che è lo Spirito (...).[46]

---

[46] IRENEO, *contro le eresie* 18,3. Ed. crit. e trad. di A. ORBE, *Il Cristo. Testi teologici e spirituali dal I al IV secolo*, 160-161.

Questa unzione, che, per Ireneo, deriva dalla triplice attività delle persone divine, comporta una circolarità che si realizza all'insegna della loro unione con il Padre.

2. Effetti

2.1. *L'integrità ontologica del Padre*

La generazione del Logos dal Padre per Giustino comporta i seguenti effetti nell'essere del Padre:

• assenza di amputazione.[47] In primo luogo Giustino mostra a Trifone, mediante la metafora della parola parlata e del fuoco, che il Padre, nel proferire il Logos, non perde parte di se stesso, ma resta integro:

> Ma in definitiva non è quanto rileviamo anche nella nostra esperienza? Quando infatti proferiamo una parola, noi «generiamo» una parola, ma non per amputazione, sì che ne risulti sminuita la facoltà intellettiva che è in noi. Parimenti vediamo che da un fuoco se ne produce un altro senza che ne abbia detrimento quello da cui si è operata l'accensione:

---

[47] Per l'argomento cfr. C. RANDAZZO, *Aspetti cristologici nel Dialogo con Trifone*, 20-23.

esso rimane invariato e il fuoco che da esso è stato appiccato sussiste senza sminuire quello da cui è stato acceso.[48]

La generazione del Logos per Giustino non intacca l'essere del Padre, nel senso che il Padre resta com'era prima, cioè prima di emettere il Logos. Giustino deduce ciò dalla parola che, sebbene venga proferita dal pensiero tramite la bocca, non riduce il pensiero da cui questa proviene. Allo stesso modo il fuoco, da cui se ne è appiccato un altro per accensione, resta invariato in sé senza alcuna ombra di perdita all'interno di se stesso. Il fuoco che si propaga dal precedente mantiene intatte tutte le proprietà del precedente, senza lederne nessuna.

• assenza di divisione. In 128,3-4 Giustino precisa, mediante la metafora della luce del sole che è inseparabile dal sole, che durante la generazione del Logos l'essere del Padre non rimane diviso, perché il proferimento del Logos non ha deturpato la sua entità, con il compenso di non aver subito alcuna trasformazione all'interno di sé:

Questa potenza, dicono, è indivisibile e inseparabile

dal Padre, così come la luce del sole sulla terra è

[48] GIUSTINO, *Dialogo con Trifone* 61,2. Ed. crit. M. MARCOVICH, *Iustini martyris. Dialogus cum Tryphone*, Berlin-New-York 1997, 175. Trad. di G. VISONÀ, *S. Giustino. Dialogo con Trifone*, 218.

indivisibile e inseparabile dal sole che è in cielo: quando questi tramonta, con lui se ne va anche la luce (…). 4. (…) dicevo che si tratta di una potenza sì generata dal Padre con la sua potenza e volontà, ma non per amputazione, come se l'essenza del Padre si fosse suddivisa, come succede per tutte le altre cose che, una volta divise e tagliate, non sono più le stesse di prima. Ivi adducevo come esempio quello del fuoco che vediamo appiccare altri fuochi: dal primo se ne possono accendere numerosi altri senza che risulti sminuito, ma rimanendo sempre lo stesso.[49]

I fuochi che si sono generati da quello iniziale non sono il risultato della divisione che è avvenuta all'interno del fuoco generatore, perché i fuochi appiccati sono i medesimi di quello che li ha generati. Allo stesso modo l'essere del Padre, per Giustino, non risulta diviso dopo che ha generato il Logos, perché il Logos detiene la stessa consistenza ontica del Padre, in quanto egli non è il prodotto della divisione ontologica del Padre.

---

[49] GIUSTINO, *Dialogo con Trifone* 128,3-4. Ed. crit. M. MARCOVICH, *Iustini martyris. Dialogus cum Tryphone*, 292-293. Trad. di G. VISONÀ, *S. Giustino. Dialogo con Trifone*, 360-361.

Con ciò Giustino vuole far osservare a Trifone che l'essere del Padre, nel generare il Verbo, non perde parte di se stesso, perché la sua entità non viene suddivisa, in quanto è compartecipe della volontà del Padre. In particolar modo Clemente alessandrino precisa, rifacendosi all'apostolo Paolo, che la divinità del Figlio, essendo la medesima di quella del Padre, è perciò indivisibile: "*e mai colui che è disceso si divide da colui che è rimasto. Dice infatti l'apostolo: «Colui che è asceso è lo stesso che è disceso» (Ef 4,10)*".[50]

In seguito Origene fa intuire che il Figlio, a seguito della sua processione dal Padre, non si divide dal Padre e né si separa da lui, sulla falsariga della volontà che, benché proceda dall'intelletto, non lo divide né da quello viene separata: "*Piuttosto, come la volontà procede dall'intelletto senza però dividerne una parte e senza essere da quello separata, dobbiamo pensare che il Padre abbia generato il Figlio*".[51]

Similmente Atanasio propugna che la divinità del Figlio è indivisibile da quella del Padre, attraverso la metafora del sole e

---

[50] CLEMENTE ALESSANDRINO, *Estratti da Teodoto* 7,4. Ed. crit. e trad. di A. ORBE, *Il Cristo. Testi teologici e spirituali dal I al IV secolo*, 275.
[51] ORIGENE, *Principi* I,2,6. Ed. crit. e trad. di A. ORBE, *Il Cristo. Testi teologici e spirituali dal I al IV secolo*, 293.

dello splendore che sono due cose, ma che entrambe sono l'effetto di un'unica luce derivante dal sole:

egli e il Padre sono una cosa sola per la proprietà e l'esclusività della natura e per l'identità dell'unica divinità. Infatti anche lo splendore è luce, non è posteriore al sole, non è una seconda luce e non è tale in quanto partecipi al sole, ma è completamente e propriamente da lui generato. Quella cosa generata costituisce necessariamente una sola luce e nessuno potrebbe dire che queste sono due luci; va invece dichiarato che il sole e lo splendore sono due, ma che è una sola la luce proveniente dal sole, la quale con il suo splendore illumina l'universo. Così anche la divinità del Figlio è quella del Padre, la quale è perciò indivisibile e, in questo modo, c'è un solo Dio e non ce n'è un altro all'infuori di lui.[52]

---

[52] ATANASIO, *Preghiera 3 contro gli ariani*. Ed. crit. PG 26,328-329. Trad. di A. ORBE, *Il Cristo. Testi teologici e spirituali dal I al IV secolo*, 75. Cfr. anche TERTULLIANO, *contro Prassea* 6-7. Ed. crit. A. KROYMANN-E. EVANS, Q.S.FL. TERTULLIANI, *Adversus Praxean, Corpus Christianorum, series latina*, vol. II, 1164-1167: la metafora del raggio del sole che non è separato dal sole; TERTULLIANO, *Apologetico* 21,12-13. Ed. crit. E. DEKKERS, Q.S.FL. TERTULLIANI, *Apologeticum, Corpus Christianorum, series latina*, Turnholti 1954, 124-125. Secondo Tertulliano la sostanza non viene separata, bensì si estende come una luce accesa dalla luce. La materia matrice rimane integra e per nulla diminuita, anche se comunica

• assenza di privazione. Teofilo di Antiochia puntualizza che Dio non rimase privo del verbo, dopo che lo ha generato: *"Quando Dio volle creare quello che aveva stabilito, generò questo Verbo emettendolo fuori, primogenito di tutta la creazione; e non rimase privo del Verbo".*[53] Per Teofilo la generazione del Logos non comporta la sua separazione dal Padre, anzi la sua coeternità, facendo in tal modo intuire a Trifone che tra il Figlio e il Padre sussiste una profonda unità, dal momento che *"dopo averlo generato si intrattiene sempre con il suo Verbo".*[54] L'intrattenimento permanente del Verbo col Padre è indice della spiccata condiscendenza e affezione che sussiste tra Padre e Figlio nel sabato protologico, perché ambedue uniti dagli stessi intenti e progetti.

2.2. *La mediazione nella creazione*

La generazione del Logos comporta un duplice effetto in ordine alla creazione:

---

la sua natura attraverso molte propaggini. Tertulliano si avvale di questo splendido esempio per mostrare la divinità del Figlio e, al contempo, la sua unità col Padre.

[53] TEOFILO DI ANTIOCHIA, *ad Autolico* 2,22. Ed. crit. e trad. di A. ORBE, *Il Cristo. Testi teologici e spirituali dal I al IV secolo*, 89.

[54] *Ibidem*

la creazione e l'ordine. Giustino puntualizza che la generazione del Verbo è in funzione di due attività:

- della mediazione creativa del Figlio. Sempre Giustino precisa che Dio ha generato il Logos al fine di creare le cose: *"generato quando in principio per mezzo di lui creò* (ἔκτισε) *(…) tutte le cose"*.[55]

Il verbo κτίζειν, soprattutto durante il periodo neotestamentario, indica prevalentemente l'atto di 'fondare' città, case, giochi, sette; come anche di inventare ed edificare su un terreno. Significa dunque l'idea e la volontà grazie alla quale sorge qualcosa, e in primo luogo una città.[56]

Evidentemente Giustino impiega tale verbo per rendere chiara l'idea che la creazione del mondo era pensata e voluta da Dio insieme col suo Logos, che ha parte integrante nel processo della mediazione creativa, voluta e progettata dal Padre. Rispetto a δημιουργεῖν che *"evoca il lavoro propriamente manuale"*,[57] κτίζειν evoca il lavoro mentale e volitivo, per cui il

---

[55] GIUSTINO, *Apologia* 2,6,3. Ed. crit. e trad. di A. ORBE, *Il Cristo. Testi teologici e spirituali dal I al IV secolo*, 66-67.

[56] W. FOERSTER, *Κτίζω*, in G. KITTEL-G. FRIEDRICH, *Grande lessico del nuovo testamento*, vol. V, Brescia 1969, 1302.

[57] W. FOERSTER, *Κτίζω*, in G. KITTEL-G. FRIEDRICH, *Grande lessico del nuovo testamento*, vol. V, 1304.

46

Logos risulta essere il mediatore nel progetto della creazione insito nella mente del Padre.

Diversamente Teofilo di Antiochia si avvale del verbo δεδημιουργημένων per indicare che Dio mediante le mani del Figlio ha creato le cose. Tale verbo esprime, in riferimento al Figlio, il lavoro manuale, perché il Figlio esegue gli ordini del Padre creando fattivamente le cose:

> Egli ebbe questo Verbo come esecutore di tutte le sue opere, e per mezzo di lui ha fatto tutto. Si chiama principio perché è il principio e il Signore di tutto ciò che è stato creato (δεδημιουργημένων) per mezzo suo.[58]

– della mediazione ordinatrice del Figlio.

Conseguente all'atto creativo del Logos è quello ordinativo: "*è chiamato Cristo perché è stato unto e perché Dio per mezzo di lui ordinò (κοσμῆσαι) tutte le cose*".[59] L'impiego del verbo κοσμεῖν, che significa mettere in ordine,[60] attesta che Dio ha affidato al Verbo la facoltà mediatrice di ordinare tutte le cose,

---

[58] TEOFILO DI ANTIOCHIA, *ad Autolico* 10. Ed. crit. e trad. di A. ORBE, *Il Cristo. Testi teologici e spirituali dal I al IV secolo*, **86-87**.

[59] GIUSTINO, *Apologia* 2,6,3. Ed. crit. e trad. di A. ORBE, *Il Cristo. Testi teologici e spirituali dal I al IV secolo*, **66-67**.

[60] *Κοσμέω*, in F. MONTANARI, *GI. Vocabolario della lingua greca*, col. 1120.

cioè di disporle secondo un ordine. L'attività ordinatrice del Verbo, per Giustino, è susseguente alla sua unzione.

● la primogenitura. La facoltà mediatrice del Logos per Giustino inizia quando è stato generato *"come principio prima di tutte le creature"*.[61] In principio il Padre ha generato il Logos, prosegue Giustino, perché era presente in lui ed è a lui che il Padre si rivolge, per portare a termine i suoi progetti:

> questo rampollo, veramente emesso dal Padre prima
>
> di tutte le creature, che era presente con il Padre, ed è
>
> a lui che il Padre si rivolge, come ha indicato la
>
> parola detta per mezzo di Salomone, poiché proprio
>
> lui era stato generato da Dio come principio prima di
>
> tutte le creature e come rampollo, che Salomone
>
> chiama Sapienza.[62]

La generazione del Logos è dunque finalizzata a dare al Logos la potestà su tutte le cose, perché egli ha ricevuto dal Padre l'incarico di essere il mediatore nell'attività creatrice del Padre. Teofilo di Antiochia esprime bene questo concetto:

---

[61] GIUSTINO, *Dialogo con Trifone* 61,1. Ed. crit. M. MARCOVICH, *Iustini martyris. Dialogus cum Tryphone*, Berlin-New-York 1997, 174-175. Trad. di G. VISONÀ, *S. Giustino. Dialogo con Trifone*, 217.

[62] GIUSTINO, *Dialogo con Trifone* 62,4. Ed. crit. M. MARCOVICH, *Iustini martyris. Dialogus cum Tryphone*, 177. Trad. di G. VISONÀ, *S. Giustino. Dialogo con Trifone*, 221.

Quando Dio volle creare quello che aveva stabilito, generò questo Verbo emettendolo fuori, primogenito di tutta la creazione (...). Ci dimostra cioè che all'inizio c'era soltanto Dio e in lui il Verbo (...) il Padre dell'universo, quando vuole, lo manda in qualche luogo; egli vi giunge, è ascoltato, è veduto, essendo inviato da Dio; si trova allora presente in un luogo.[63]

Il Logos, in quanto mediatore della creazione, esegue gli ordini del Padre, perché in lui siano fatte tutte le cose.

In particolar modo Origene puntualizza che solo nel Figlio, generato prima di tutte le altre parole emesse dal Padre, è stata possibile la creazione:

Qual è il principio di tutte le cose, se non il nostro Signore e Salvatore di tutti, Gesù Cristo, il primogenito di tutta la creazione? In questo principio dunque, cioè nel suo Verbo, Dio fece il cielo e la terra.[64]

---

[63] TEOFILO DI ANTIOCHIA, *ad Autolico* 2,22. Ed. crit. e trad. di A. ORBE, *Il Cristo. Testi teologici e spirituali dal I al IV secolo*, 88-89.
[64] ORIGENE, *Omelie sulla Genesi* 1,1. Ed. crit. H. DE LUBAC-L. DOUTRELEAU, Paris 2003, 24. Trad. di M.I. DANIELI, *Opere di Origene. Omelie sulla Genesi*, Roma 2002, 39.

Più avanti Ippolito Romano precisa che il Figlio è il primogenito fra tutte le creature, perché egli è il Signore sia delle cose terrene che di quelle celesti, in quanto ha ricevuto dal Padre la potestà su tutte le cose:

> Il Padre, sottomettendo al suo proprio Figlio tutto ciò che è nei cieli, sulla terra e sotto la terra, ha pienamente dimostrato in tutto ch'egli è il primogenito fra tutti: primogenito da Dio, affinché sia evidente ch'Egli è il Figlio di Dio, secondo dopo il Padre; primogenito prima degli angeli, perché sia manifesto che è Signore pure degli angeli.[65]

---

[65] IPPOLITO ROMANO, *Commento su Daniele* 4,11,5. Ed. crit. M. LEFÈVRE, *Hippolyte. Commentaire sur Daniel*, Paris 1947, 284. Trad. di Aa.Vv., *Testi mariani del primo millennio,* Roma 1988, 189.

Capitolo secondo

LA NASCITA DEL LOGOS

1. Modalità

1.1. *Come la rugiada*

A proposito della nascita del Logos Ippolito si avvale della metafora della rugiada per affermare due cose:

- l'azione discendente del Logos: *"Maria, che è stata terra benedetta, perché in essa è disceso il Verbo, come rugiada (...)"*.[66] La rugiada acquista un carattere modale per la discesa del Logos. Alla stessa stregua della rugiada, il Logos scende soave e senza alcun impeto nel seno di Maria.

- la recezione del Logos nel corpo di Maria:

«Della benedizione del Signore riceva la sua terra», perché nato dalla vergine e dallo Spirito Santo, ebbe in eredità tutta la benedizione del Signore, la «terra

---

[66] IPPOLITO ROMANO, *Benedizioni di Mosé* II. Ed. crit. M. BRIÈRE – L. MARIÈS – B.CH. MERCIER, *PO* 27, Paris 1954, 168-169. Trad. di Aa.Vv., *Testi mariani del primo millennio,* vol. I, 188.

santa» (la sua umanità), che divenne visibile negli ultimi tempi (...).[67]

Alla stessa stregua della rugiada che dall'alto scende sulla terra e questa la riceve, così Maria accoglie il Logos nelle sue membra.

La metafora della rugiada diviene significativa per indicare che *"la sua concezione non sarà da seme, ma dallo Spirito"*.[68] La rugiada è intesa da Ippolito come la metafora modale per indicare la presenza dello Spirito e il suo ruolo di protagonista nella concezione del Logos. La rugiada viene a designare in senso discendente il Verbo e in senso immanente lo Spirito, perché lo Spirito si arroga la facoltà mediatrice nella fecondazione del corpo di Maria e fa sì che in lei si annidi il Logos che discende dall'alto. In poche parole è lo Spirito che permette l'annidamento del Logos nel seno di Maria, come la terra che permette alla rugiada di ricevere le sue proprietà benefiche.

In particolare in Eusebio di Cesarea la rugiada assume il ruolo di farcitrice della carne del Logos, perché nell'utero di Maria viene costituita, per mezzo dell'azione fecondatrice dello

------

[67] *Ibidem*
[68] *Ibidem*

Spirito, - infatti lo Spirito è colui che predispone tale unione uterina - la carne del Verbo, interpretando in tal senso il testimonium scritturistico di Sal 109,3:

«A te il principato nel giorno della tua potenza tra santi splendori: dal seno dell'aurora come rugiada ti ho generato» (Sal 109,3). Aquila dice: «Dal seno suscitato di buon mattino per te la rugiada della tua fanciullezza». Mentre Simmaco: «Come rugiada di buon mattino per te la tua giovinezza». Vi è ancora una quinta versione: «Dall'utero, di buon mattino per te la rugiada della tua giovinezza». Con tali espressioni egli sembra significare il modo della sua generazione carnale. Dall'utero, infatti, dice, sarà la rugiada mattutina della tua fanciullezza oppure dall'utero diverrà per te la tua rugiada mattutina nella tua giovinezza. Con ciò credo che venga dichiarato che la sua generazione carnale è costituita non dal seme di un uomo, ma dallo Spirito Santo. Infatti, come rugiada che defluisce dall'alto del cielo, così nell'utero gravido di sua madre fu fatta la costituzione della carne nella sua fanciullezza.[69]

---

[69] EUSEBIO DI CESAREA, *Commento ai Salmi* 109,4. Ed. crit. J.P. MIGNE,

1.2. *Come la pioggia*

Un'altra modalità, per mezzo della quale il Logos scende su Maria, è la pioggia:

scenderà come pioggia sull'erba, come acqua che irrora la terra" (Sal 71,5). Tu potrai comprendere la discesa del Dio Verbo, se considererai l'abbassamento e la compiacenza con la quale egli si adattò alla pochezza umana (…). La generazione del nostro Salvatore secondo la carne avvenne in maniera del tutto simile alla pioggia, che impercettibilmente e senza rumore scende sull'erba; avvenne così affinché nessuno venisse a conoscenza o udisse del mistero del concepimento e del parto della santa Vergine, neppure tra coloro che abitavano nelle vicinanze.[70]

Eusebio di Cesarea si avvale del testimonium scritturistico di Sal 71,5 per rendere noto che l'abbassamento e la compiacenza del Logos presero carne in Maria in modo silenzioso e invisibile, alla maniera della pioggia quando scende

---

PG 23, Paris 1857, 1341D-1344C. Trad. di Aa.Vv., *Testi mariani del primo millennio,* 244.

[70] EUSEBIO DI CESAREA, *Commento ai Salmi* 71,6-8. Ed. crit. J.P. MIGNE, *PG* 23, 800B-C. Trad. di Aa.Vv., *Testi mariani del primo millennio,* 243-244.

sulla terra. La metafora della pioggia è significativa nel testo di Eusebio, perché con essa egli vuole indicare che il mistero della incarnazione del Verbo prende piede nella storia senza i seguenti tre tratti liturgici, perché il tutto avviene nell'ombra del silenzio:

- visione

- audizione

- conoscenza

Il silenzio avvolge il concepimento e il parto di Maria, perché alcuno né vide, né udì e conseguentemente né seppe di quanto avvenne nell'utero di Maria. Sotto questo profilo il silenzio è il preminente tratto teurgico, nel quale avvenne il mistero del concepimento del Logos in Maria, per cui questo alone di mistero che si manifesta solo ed esclusivamente nel silenzio e che avvolge la nascita del Logos, fonda e al contempo accompagna l'evento teurgico del concepimento e della nascita del Logos. I tratti uditivi e sonori, nei quali avviene l'usuale concepimento e parto per ogni bambino nato da donna vengono rimossi, per dare vita al tratto teurgico del silenzio, quello stesso silenzio nel quale si consuma la totale condiscendenza del Padre e del Figlio nel sabato protologico e quello stesso silenzio nel quale si consuma la più alta forma di donazione del Figlio al Padre nel sabato pasquale.

A partire da tale quadro il silenzio della nascita del Logos è il punto di raccordo tra quello protologico e quello soteriologico che si consuma nella pasqua di risurrezione.

Egli si abbassò e si adattò alla pochezza umana. La generazione del nostro Salvatore secondo la carne avvenne in maniera simile alla pioggia, che impercettibilmente e senza rumore scende sull'erba; avvenne così affinché nessuno venisse a conoscenza del mistero del concepimento e del parto della santa Vergine. Eusebio di Cesarea, rifacendosi al testimonium scritturistico di Sal 109,3 cita le versioni di Aquila, di Simmaco e della cosiddetta quinta, per cercare di intuire la modalità della generazione carnale del Logos.

> Dall'utero, infatti, dice, sarà la rugiada mattutina della tua fanciullezza oppure dall'utero diverrà per te la tua rugiada mattutina nella tua giovinezza. Con ciò credo che venga dichiarato che la sua generazione carnale è costituita non dal seme di un uomo, ma dallo Spirito Santo. Infatti come rugiada che defluisce dall'alto del cielo, così nell'utero gravido di sua madre fu fatta la costituzione della carne nella sua fanciullezza.[71]

---

[71] EUSEBIO DI CESAREA, *Commento ai Salmi* 109,4. Ed. crit. J.P. MIGNE,

Collegata a quella della pioggia è la metafora della terra arida, citata da Is 53,1-2, con la quale Eusebio vuole affermare che il Logos è stato concepito nell'utero di Maria, dove nessun uomo aveva posto la sua dimora:

E quindi fu predetto anche il luogo dove Egli sarebbe nato. Tuttavia il profeta Isaia pone il miracolo della nascita ora in modo oscuro e figurato, ora in modo aperto e manifesto. In modo oscuro, quando dice: «Oh, Signore, chi avrebbe creduto al nostro annunzio? A chi sarebbe stato manifestato il braccio del Signore? E' cresciuto come un virgulto davanti a lui e come una radice in terra arida» (Is 53,1-2) (...) 50. Pertanto il virgulto «che si nutre del latte materno» sta chiaramente a significare la nascita del Cristo. La terra «inaccessibile ed arida», invece, indica la Vergine che lo generò; quella cioè che nessun uomo avvicinò e dalla quale, sebbene arida, derivò quella esaltata radice e quel virgulto nutrito con il latte materno.[72]

_PG_ 23,1341 D-1344 C. Trad. di Aa.Vv., _Testi mariani del primo millennio,_ 244.

[72] EUSEBIO DI CESAREA, _Egloghe profetiche_ 3,2,48-50. Ed. crit. J.P. MIGNE, _PG_ 22, Paris 1857, 180A-181A. Trad. di Aa.Vv., _Testi mariani del primo millennio,_ 246.

Proprio perché avulso dal coito maritale, l'utero di Maria è stato la dimora del coito dello Spirito Santo, con la quale si è unito perché nascesse il Verbo. L'utero di Maria, paragonato alla terra arida, è la res attraverso cui la potenza dell'altissimo poté scendere nel grembo di Maria e unirsi a lei, perché dal suo seno potesse nascere il Verbo:

«Nell'utero – dice – concepirà e partorirà un figlio».

Dunque, chi sarebbe a dire «mi unii alla profetessa» se non lo Spirito Santo, ispirato dal quale il profeta divinava, e del quale fu detto a Maria: «Lo Spirito Santo scenderà su di te, su te stenderà la sua ombra la potenza dell'Altissimo?» (Lc 1,34).[73]

Come nel sabato protologico il Verbo si unisce al Padre e viceversa grazie all'azione unificatrice dello Spirito, allo stesso modo all'inizio del sabato soteriologico, originato con la venuta temporale del Verbo, il Verbo viene concepito nel grembo di Maria grazie all'azione unificatrice dello Spirito.

La metafora della pioggia è impiegata da Epifanio di Salamina per indicare che la discesa del Verbo rende il grembo di Maria fertile, nel senso che è l'azione del Logos che,

---

[73] EUSEBIO DI CESAREA, *Egloghe profetiche* 4,5. Ed. crit. J.P. MIGNE, *PG* 22,1205A-C. Trad. di Aa.Vv., *Testi mariani del primo millennio*, 246.

discendendo su Maria, la rende feconda, alla stessa stregua della terra che, grazie alla pioggia, può produrre i frutti necessari per il sostentamento dell'uomo:

> E infatti Mosè aveva affermato: «Il mio Verbo scenda come la pioggia» (Dt 32,2). E Davide aveva aggiunto: «Discenda come pioggia sul vello e come gocce grondino sulla terra» (Sal 71,6) (…) così come la terra, accogliendo la pioggia, accresce il proprio frutto, speranza dei contadini. Infatti, grazie alla pioggia, secondo la disposizione del Signore, la terra si riproduce con maggior ardore e ottiene dalla prima una maggior celerità nel produrre frutti (…). Maria concepisce il Verbo come la terra porta la pioggia al concepimento.[74]

Tale metafora ricorreva già in Cirillo di Gerusalemme, con la quale egli voleva mostrare che la prima discesa del Logos, comparabile alla nascita, avvenne di nascosto, come la pioggia che impercettibilmente e invisibilmente cade sulla terra, mentre la seconda discesa avvenne nella luce; discesa equiparabile alla Epifania, giorno in cui sopra il presepio si

---

[74] EPIFANIO DI SALAMINA, *L'ancora della fede* 66. Ed. crit. K. HOLL, *GCS* 25, Leipzig 1915, 79-80. Trad. di Aa.Vv., *Testi mariani del primo millennio*, 378.

fermò la stella, simbolo di luce per le genti e per gli stessi magi: *"due le discese, una nascosta quasi di pioggia sul vello, l'altra – la futura – manifesta. Nella prima venuta fu avvolto in fasce nel presepio, nella seconda s'ammanta di luce come di veste"*.[75]

1.3. *Tramite il parto prima dei dolori*

Un'altra caratteristica modale relativa alla nascita carnale del Verbo è l'assenza dei dolori, perché il parto avvenne prima delle doglie:

> «prima che colei che era nel travaglio del parto, partorisse, e prima che venissero i dolori, ha partorito e dato alla luce un maschio» (Is 66,7), proclamando così il carattere inatteso e paradossale della nascita della Vergine.[76]

Ireneo di Lione si avvale del passo scritturistico di Is 66,7 per testimoniare che la nascita del Verbo è avvenuta prima della comparsa dei dolori. Questa è una caratteristica modale

---

[75] CIRILLO DI GERUSALEMME, *Catechesi* 15,1. Ed. crit. W.C. REISCHL-J. RUPP, *Cyrilli hierosolymarum archiepiscopi opera quae supersunt omnia*, vol. II, Hildesheim 1967, 152. Trad. di Aa.Vv., *Testi mariani del primo millennio*, 365.

[76] IRENEO DI LIONE, *Dimostrazione della predicazione apostolica* 54. Ed. crit. A. ROUSSEAU, *Irénée de Lyon. Démonstration de la prédication apostolique*, Paris 1995, 162. Trad. di E. PERETTO, *Ireneo di Lione, Epideixis, antico catechismo degli adulti*, Roma 1981, 149.

che compare solo nel corpo di Maria e ciò è dovuto al fatto che solo il corpo di Maria ha avuto questa unica prerogativa fra tutte le donne, perché solo il suo corpo, fra quello di tutte le donne, è stato il talamo dove lo Spirito ha potuto realizzare il suo progetto, in quanto, grazie all'azione unificatrice dello Spirito, è incominciata a fiorire la vita del Verbo:

> Isaia dice ancora di più: «Un virgulto spunterà dalle radici di Iesse e un fiore spunterà dalla sua radice. Su di lui si poserà lo Spirito di Dio, spirito di sapienza e di intelligenza, spirito di consiglio e di fortezza, spirito di conoscenza e di pietà. Lo spirito del timore di Dio lo riempirà (...). Iesse infatti discendeva da Abramo ed era padre di Davide. Così la vergine, che concepì il Cristo, era il «virgulto».[77]

Ippolito Romano puntualizza, mediante la metafora del virgulto che spunta dalla radice di Iesse, che tale pollone si riferisce a Cristo che ha germogliato nel seno di Maria, perché fecondato dallo Spirito:

---

[77] IRENEO DI LIONE, *Dimostrazione della predicazione apostolica* 59. Ed. crit. A. ROUSSEAU, *Irénée de Lyon. Démonstration de la prédication apostolique*, Paris 1995, 168.170. Trad. di E. PERETTO, *Ireneo di Lione, Epideixis, antico catechismo degli adulti*, 180.

dicendo poi: «da un germoglio, figlio mio, sei spuntato», mostrò il frutto germogliato dalla santa vergine, non generato da seme, ma concepito da Spirito Santo: frutto che, come da santo germoglio, uscì dalla terra. Dice infatti Isaia: "Uscirà una verga dalla radice di Iesse, ed un fiore spunterà da essa». Quello dunque che Isaia chiamò «fiore», Giacobbe lo disse «germoglio»: il Verbo infatti prima germogliò nel seno (di Maria), poi fiorì nel mondo.[78]

Secondo Clemente alessandrino, l'assenza dei dolori durante il parto è dovuto al fatto che Maria *"concepì da sé, senza rapporti maritali"*,[79] diversamente da Eva il cui istinto era volto verso l'uomo, perché ciò che conta per Maria è compiere la volontà di Dio, varcando così il piacere che deriva dai rapporti maritali.

Una delle spiegazioni con cui Origene mostra a Celso la fondatezza del suo parto verginale è il fatto che anche nel

---

[78] IPPOLITO ROMANO, *Cristo e anticristo* 8. Ed. crit. J.P. MIGNE, *PG* 10, Paris 1857, 733-736. Trad. di Aa.Vv., *Testi mariani del primo millennio,* 183. Cfr. anche IPPOLITO ROMANO, *Benedizioni di Isacco e di Giacobbe* 1. Ed. crit. M. BRIÈRE – L. MARIÈS – B.CH. MERCIER, *PO* 27, Paris 1954, 76-79.

[79] CLEMENTE ALESSANDRINO, *Stromata* VII,16. Ed. crit. J.P. MIGNE, *PG* 9, Paris 1890, 529-530. Trad. di Aa.Vv., *Testi mariani del primo millennio,* 194.

mondo degli animali ci sono esemplari che nascono indipendentemente dall'accoppiamento.[80] Origene difende questa verità di fede, mostrando a Celso argomenti di scienza e di ragione:

> Pure secondo i greci non tutti gli uomini nacquero da uomo e da donna. Se infatti il mondo è stato fatto – come ritennero anche molti fra i Greci – è necessario che i primi non siano nati da unione maritale, ma dalla terra, in cui erano racchiuse le ragioni seminali (…). Né è fuori luogo, trattando con Greci, ricorrere anche alle storie greche, perché non sembri che solo noi possediamo un così straordinario racconto. Alcuni infatti, scrivendo non la storia antica ed eroica, ma quella di ieri e di ieri l'altro, vollero narrare come cosa possibile che Platone nacque da Anfizione, ma che Aristone fu impedito di accostarsi a lei, finché ebbe dato alla luce il Figlio, concepito da seme di Apollo.[81]

---

[80] ORIGENE, *Contro Celso* I,37. Ed. crit. M. BORRET, *Origène. Contre Celse*, Paris 2005, 176-177.

[81] ORIGENE, *Contro Celso* I,37. Ed. crit. M. BORRET, *Origène. Contre Celse*, 176-180. Trad. di Aa.Vv., *Testi mariani del primo millennio*, 203-204.

Sulla linea di Origene si pronuncia Basilio Magno, il quale dimostra che il parto di Maria non è da considerare un mistero perché diverse specie di uccelli, alla stessa stregua di Maria, pur non unendosi ai maschi, riescono a generare nuovi esemplari come nel caso degli avvoltoi. Così Maria, pur mantenendo illibata la sua verginità, è rimasta gravida:

> Diverse specie di uccelli non hanno bisogno di unirsi ai maschi per produrre uova; (…) si dice che gli avvoltoi, senza accoppiamento alcuno, generino molti nati (…). Ti invito a notare questo dettaglio nella storia degli uccelli; e se mai dovessi vedere gente che ride dei nostri misteri ritenendoli impossibili e contrari alla natura, come per esempio che una Vergine abbia partorito, pur essendosi mantenuta illibata la sua verginità, possa tu ricordarti che Dio, il quale si compiace di salvare i credenti mediante la stoltezza della predicazione (1Cor 1,21), ha creato con anticipo nella natura ogni sorta di argomenti che aiutino la nostra fede ad accettare i suoi prodigi.[82]

---

[82] BASILIO MAGNO, *Omelia 8 sull'Esamerone* 6. Ed. crit. S. GIET, *Basile de Césarée. Homélies sur l'Hexaéméron*, Paris 1968, 460-462. Trad. di Aa.Vv., *Testi mariani del primo millennio*, 294-295.

Il fatto che il parto avvenne prima delle doglie è dovuto al fatto che lo Spirito Santo è stato il protagonista della fecondazione nel seno di Maria e da ciò ne deriva che il suo corpo è puro e santo, perché era in procinto di nascere il santo di Dio. A tal riguardo così si esprime Tito di Bostra, vescovo e teologo vissuto nella seconda metà del terzo secolo:

> L'Unigenito però, che viene in una donna, certo non per questo si macchia: «santo infatti è il suo nome, e non si contamina il Salvatore che vien concepito in me vergine», plasmando il suo proprio corpo. Per questo anche lo Spirito Santo discende, affinché, fatto santo il concepimento, renda santo anche il parto.[83]

Il concepimento in Maria è divenuto possibile grazie al suo sposalizio con Giuseppe, il quale non consumò il matrimonio, ma fu custode di Maria, perché la mantenne vergine astenendosi dal compiere con lei rapporti maritali. Il parto fu ritenuto lecito grazie al suo sposo:

> il Salvatore doveva nascere da una vergine che non solo fosse fidanzata, ma, come narra Matteo (cf. Mt

---

[83] TITO DI BOSTRA, *Commento a Luca* 21,1. Ed. crit. O. von GEBHARDT – A. HARNACK, *TU* 21,1, Leipzig 1901, 145-146. Trad. di Aa.Vv., *Testi mariani del primo millennio*, 287.

1,25), fosse stata già condotta ad un uomo, anche se quell'uomo non l'aveva ancora conosciuta, allo scopo di evitare così la vergogna che avrebbe colpito la vergine se fosse apparsa incinta.[84]

A tal proposito si nota che, anche a livello storico, il concepimento di Maria avvenne attraverso queste due modalità liturgiche:

• attraverso il matrimonio casto di Giuseppe. Giuseppe non ebbe rapporti sessuali con Maria perché, come Maria, il suo istinto era volto a compiere la volontà di Dio; parallelamente nel sabato protologico il Figlio era volto a compiere unicamente la volontà del Padre. Giuseppe inizia puntualmente il sabato soteriologico con la castità del suo matrimonio, divenendo copia vivente di quello protologico.

Cirillo di Gerusalemme precisa che Maria *"fu detta donna di Giuseppe in forza dei soli sponsali"*.[85] Infatti, prosegue

---

[84] ORIGENE, *Omelie su Luca* VI,3. Ed. crit. H. CROUZEL-F. FOURNIER-P. PÉRICHON, *Origène. Homélies sur s. Luc*, Paris 1998, 144. Trad. di Aa.Vv., *Testi mariani del primo millennio*, 211.

[85] CIRILLO DI GERUSALEMME, *Catechesi* 12,31. Ed. crit. W.C. REISCHL-J. RUPP, *Cyrilli hierosolymarum archiepiscopi opera quae supersunt omnia*, vol. II, 42. Trad. di Aa.Vv., *Testi mariani del primo millennio*, 363.

Cirillo, citando il testimonium scritturistico di Lc 2,4-5, che Maria non era «*moglie*»[86] di Giuseppe, ma solo sposa.

• attraverso la verginità pura di Maria, in quanto l'unico scopo di Maria era quello di compiere la volontà di Dio, non quella del suo sposo Giuseppe. Maria diviene colei che incomincia ad accogliere il Verbo nel sabato soteriologico e che al contempo lo fonda all'unisono con quello protologico; Logos che nel sabato protologico era tutto dedito a compiere le cose del Padre.

Il fatto puntuale dell'origine del sabato soteriologico avvenne nel momento in cui il Logos discese su Maria, perché allora Maria fu ricolmata di Spirito Santo. Il Verbo ha potuto discendere solo in un corpo pregno dello Spirito, di quello stesso Spirito che permise al Logos nel sabato protologico di essere consacrato alla sua missione di mediatore della creazione e della salvezza. Anche in questo caso lo Spirito è il protagonista del concepimento di Maria perché su di lei è sceso il santo di Dio:

> Maria fu dunque ricolmata di Spirito Santo dal
> momento in cui cominciò ad avere nel seno il

---

[86] CIRILLO DI GERUSALEMME, *Catechesi* 12,31. Ed. crit. W.C. REISCHL-J. RUPP, *Cyrilli hierosolymarum archiepiscopi opera quae supersunt omnia*, vol. II, 42. Trad. di Aa.Vv., *Testi mariani del primo millennio*, 364.

Salvatore. Non appena ricevette lo Spirito Santo, creatore del corpo del Signore, e il Figlio di Dio cominciò a vivere in lei, anche Maria fu ricolmata di Spirito Santo.[87]

Ciò che accomuna lo Spirito, il Verbo e Maria è il compiere la volontà di Dio e non quella di se stessi; quella stessa volontà che il Figlio era dedito a compiere per mezzo dello Spirito nel sabato protologico. Quello stesso verbo, che era intento a compiere la volontà di Dio nel sabato protologico, era disceso in Maria per continuare l'opera del Padre e incominciarla a realizzare attraverso il grembo di Maria nel sabato soteriologico:

> «il Signore è con te» (...) si deve intenderla in luogo di «il Dio Verbo è con te». Indica infatti il Verbo che fu generato nell'utero e divenne carne, come sta scritto: «Lo Spirito Santo verrà su di te e la Virtù dell'Altissimo ti adombrerà; perciò il nato santo sarà chiamato Figlio di Dio» (…). Il Dio Verbo però divenne carne nel grembo della Vergine senza rapporti con uomo, per il volere di quel Dio che tutto

---

[87] ORIGENE, *Omelia su Luca* VII,1-5.8. Ed. crit. H. CROUZEL-F. FOURNIER-P. PÉRICHON, *Origène. Homélies sur s. Luc*, 154-162. Trad. di Aa.Vv., *Testi mariani del primo millennio*, 213.

può fare; né ebbe bisogno dell'opera e della presenza di un uomo: infatti, la Virtù di Dio che adombrò la Vergine assieme con lo Spirito Santo che venne sopra di lei, agì molto più potentemente della virtù di un uomo.[88]

Maria fu colma di Spirito Santo per merito del Verbo che era in procinto di scendere su di lei, il quale viene ad essere punto di coesione tra la volontà di Dio realizzata nel sabato protologico, mediante lo Spirito che ha consacrato il Logos per tale missione, e quella realizzata nel sabato soteriologico prima di tutto attraverso il grembo di Maria, tramite lo Spirito di santificazione. Come lo Spirito nel sabato protologico permette al Logos di essere generato da Dio in vista della sua missione mediatrice nella creazione, allo stesso modo lo stesso Spirito permette al Logos di nascere da Maria, in vista della sua missione salvifica nel sabato soteriologico. Si evince così il parallelismo in ordine all'azione dello Spirito a riguardo delle due missioni sia nel sabato protologico che in quello soteriologico.

---

[88] PIETRO ALESSANDRINO, *Sulla divinità* I,1,2,39. Ed. crit. J.P. MIGNE, *PG* 18, Paris 1857, 509-512. Trad. di Aa.Vv., *Testi mariani del primo millennio,* 235.

Come nel sabato protologico non esiste dolore, ma sussiste solo l'eterna gioia perché il Figlio compie nello Spirito il progetto del Padre, allo stesso modo Maria resta scevra dal dolore, figlio del piacere sessuale, perché ciò che conta per lei è realizzare il progetto che Dio ha su di lei. Per questa ragione ella è stata esente dalla concupiscenza, perché non ci fu in lei nessuna voluttà nel concepimento, in quanto ella non conobbe un rapporto carnale:

> La sua concezione non è avvenuta tramite il commercio sessuale; il suo parto non rimase per nulla inquinato; la sua nascita non ha conosciuto il dolore; il suo talamo è stata la potenza dell'Altissimo, la quale ha ricoperto quasi come una nube la verginità stessa; fiaccola nuziale era lo splendore dello Spirito Santo; suo letto era una condizione personale priva di vizi; le sue nozze rimasero incorrotte.[89]

Tutte le singole tappe parteno-teurgiche relative al concepimento e al parto di Maria sono riconducibili alla mancanza del rapporto sessuale. Sotto questo profilo il parto

---

[89] GREGORIO NISSENO, *Sul Cantico dei Cantici* 13. Ed. crit. W. JAEGER, *Gregorii Nysseni Opera, in Canticum canticorum*, vol. 6, Leiden 1960, 388. Trad. di Aa.Vv., *Testi mariani del primo millennio,* 329.

indolore di Maria denota un concepimento senza concupiscenza, per il fatto che ogni piacere è congiunto con qualche dolore, e trattandosi di cose unite è necessario che, dove uno dei due elementi manca, anche l'altro sia assente. Perciò là dove non ci fu nessuna libidine nel concepimento, non seguì neppure il dolore durante il parto:

> Colui che è nato in simili condizioni, giustamente viene ritenuto scelto tra tutte le miriadi di uomini; il che significa che Egli è esistito non grazie al letto nuziale. Infatti soltanto la sua generazione non ha avuto puerperio ed egli è incominciato ad esistere senza rapporto sessuale (...). Come un figlio ci è stato dato senza padre, così il bambino è nato senza parto (...). Anche il profeta Isaia afferma che il parto di lei fu senza dolore, allorché dice: «Prima che giungessero i dolori del parto fuggì e partorì un maschio» (Is 66,7).[90]

Come nel sabato protologico la generazione del Logos non fu causata dal piacere, né venne generato attraverso le sofferenze, allo stesso modo nel sabato soteriologico la nascita di Gesù avvenne senza il parto e senza dolore, perché egli non fu

---

[90] *Ibidem*

concepito nel letto nuziale secondo concupiscenza, in quanto il suo talamo era la potenza dello Spirito.

Da ciò ne consegue che, diversamente da Eva il cui parto ebbe origine dal dolore perché il suo istinto era verso l'uomo, Maria contrappone il sentimento della gioia sia all'inizio del concepimento che durante la nascita del Logos, perché votata interamente verso Dio:

> Siccome colei che introdusse la morte nella natura mediante il peccato, fu condannata a partorire nella sofferenza e nel travaglio, occorreva che la madre della vita, dopo aver iniziato il concepimento nella gioia, pure nella gioia portasse a termine il parto. Perciò l'arcangelo le disse: «Rallegrati, o piena di grazia» (Lc 1,28). Con queste parole le toglie il peso di quel dolore che all'inizio della creazione era stato imposto al parto a causa del peccato.[91]

Come nel sabato protologico la generazione del Logos avvenne per atto volontario e non per atto coniugale, allo stesso modo la sua nascita avvenne per atto volontario dello Spirito, di Maria e dello stesso Logos. Il Verbo non nacque secondo le regole della natura, ma secondo la volontà di Dio, perché la

---

[91] *Ibidem*

legge della natura vuole che il grembo di ogni donna venga aperto col rapporto maritale, mentre invece il grembo di Maria è stato aperto senza coito sessuale:

> Infatti la natura vuole che il seno di ogni vergine venga aperto dal rapporto con l'uomo; solo a questa condizione la donna potrà partorire. Ma per il nostro Salvatore le cose si sono svolte diversamente: egli nacque da un seno aperto senza atto coniugale e in un modo inspiegabile.[92]

1.4. *La purezza del corpo di Maria*

1.4.1. Dal corpo di Maria

La preposizione *ek* gioca un ruolo fondamentale nell'evento della nascita del Verbo dal grembo di Maria. Basilio Magno puntualizza questa differenza, sottolineando che l'apostolo Paolo ha preferenza nell'usare *ek* al posto di *dia* riguardo alla nascita del Verbo:

> Paolo usa la preposizione: «da» al posto di: «per mezzo di», quando dice per esempio: «Nato da

---

[92] ANFILOCHIO DI ICONIO, *Omelia sull'Ipapante* 2-3. Ed. crit. J.P. MIGNE, *PG* 39, Paris 1863, 48A-49B. Trad. di Aa.Vv., *Testi mariani del primo millennio*, 336.

donna» (Gal 4,4), invece di: «Nato per mezzo della donna».[93]

Basilio Magno precisa che la preposizione *ek*, rispetto a *dia*, sia la più adatta a rendere più pienamente comprensibile l'origine della carne del Logos dal corpo di Maria, perché, da Maria e non per mezzo di Maria, egli prese carne umana. La preposizione *ek* sta ad indicare la uguaglianza di natura tra quella di Maria e quella del Figlio, in quanto il Verbo ha preso su di sé le stesse membra carnali, di cui era costituita Maria:

> Il suo intento [di Paolo] è quello di mostrare che la carne divenuta portatrice di Dio è stata impastata di materia umana; e per questo preferisce usare un termine più significativo. Infatti l'espressione: «per mezzo di una donna», potrebbe far nascere il sospetto che si tratti di una generazione «di passaggio». Invece parlando di generazione «da donna», indica con sufficiente chiarezza la comunione di natura tra il Figlio e sua Madre. Non c'è dunque contraddizione.[94]

---

[93] BASILIO MAGNO, *Lo Spirito Santo* 5,12. Ed. crit. B. PRUCHE, *Basile de Césarée. Sur le saint esprit*, Paris 2002, 282. Trad. di Aa.Vv., *Testi mariani del primo millennio*, 295.

[94] BASILIO MAGNO, *Lo Spirito Santo* 5,12. Ed. crit. B. PRUCHE, *Basile de Césarée. Sur le saint esprit*, Paris 2002, 284. Trad. di Aa.Vv., *Testi

Cirillo di Gerusalemme, vescovo e predicatore vissuto nel terzo secolo, precisa a tal riguardo che il Logos non passò attraverso il corpo di Maria come per un canale, ma veramente prese carne da lei e fu nutrito da lei con il latte, mangiando e bevendo come noi:

> umanazione che si attuò non in apparenza, né per immaginazione, ma in tutta verità. Non passò per la vergine come per un canale, ma veramente prese carne da lei e veramente fu da lei nutrito col latte, mangiando come noi, realmente, e realmente come noi bevendo.[95]

In particolare Didimo Alessandrino sottolinea che il Verbo è nato *"da donna"*, non *"per mezzo di donna"* per indicare che, diversamente dagli altri figli nati dal concorso umano, egli è nato uomo dalla vergine Maria:

> perifrasticamente, «nato da donna», sta ad indicare «l'uomo». Ce lo insegna il Signore quando dice: «tra i nati di donna non è sorto uno più grande di Giovanni» (Mt 11,11). In modo elegante quindi,

---

mariani del primo millennio, 295.

[95] CIRILLO DI GERUSALEMME, *Catechesi* 4,9. Ed. crit. W.C. REISCHL-J. RUPP, *Cyrilli hierosolymarum archiepiscopi opera quae supersunt omnia,* vol. I, Hildesheim 1967, 100. Trad. di Aa.Vv., *Testi mariani del primo millennio,* 358.

riguardo a ciò, le parole vengono adoperate per distinguere Gesù dagli altri che nascono «per mezzo» di donna, essendo Egli nato in modo verginale. Pertanto finemente diremo che è nato «da» donna, poiché nella fattispecie il nome di donna indica la femmina.[96]

Didimo espone che Cristo è uomo, ma la sua umanità non deriva esclusivamente né dalla volontà materna né da quella paterna. Più avanti Didimo spiega che nessun altro uomo è nato da una donna, perché tutti sono nati dal seme umano per mezzo di una donna:

> La donna che partorirà indica propriamente colei che, senza aver ricevuto seme, concepisce, dà forma e riscalda ed essa stessa genera. Perciò egli fu fatto «da» donna: nessun altro fu fatto «da» donna, ma tutti «per mezzo» di una donna, vale a dire tutti dagli uomini. La donna infatti è fatta «dall»'uomo, e l'uomo «per mezzo» della donna. Bisogna anche dire che le genealogie vengono impassibilmente,

---

[96] DIDIMO ALESSANDRINO, *Commento a Giobbe* 11,2c. Ed. crit. U.-D. HAGEDORN – L. KOENEN, *Didymos der Blinde. Kommentar zu Hiob*, vol. 3, Bonn 1968, 182-184. Trad. di Aa.Vv., *Testi mariani del primo millennio*, 367.

sapientemente e piamente fatte quando procedono dai padri. Infatti, una genealogia che proceda dalle donne viene rigettata. Dunque «questa donna che partorirà» partorì senza uomo, e per questo il Salvatore fu fatto «da» donna, non «per mezzo» di donna.[97]

In seguito Epifanio di Salamina sottolinea l'azione discendente del Logos; azione che ha il suo riverbero nel grembo, dove egli prese sia una carne e un'anima umana, rendendole perfette perché captate dal grembo santo di Maria:

Egli prese una carne ed un'anima umana e si fece uomo in mezzo a noi, non in semplice apparenza ma in realtà, plasmandosi una umanità perfetta che Egli prese da Maria, madre di Dio, per opera dello Spirito Santo.[98]

Il Logos si è servito del grembo di Maria per forgiarsi lui stesso una propria anima e un proprio corpo; per questo motivo la sua umanità è vera. Egli appartiene al genere umano in tutto e

[97] DIDIMO ALESSANDRINO, *Commento al Salmo* 20,1. Ed. crit. L. DOUTRELEAU – A. GESCHÉ – M. GRONEWALD, *Didymos der Blinde. Psalmenkommentar*, vol. I, Bonn 1969, 8-10. Trad. di Aa.Vv., *Testi mariani del primo millennio*, 367.
[98] EPIFANIO DI SALAMINA, *L'ancora della fede* 75. Ed. crit. K. HOLL, *GCS* 25,94-95. Trad. di Aa.Vv., *Testi mariani del primo millennio*, 378-379.

per tutto. Egli non si limita ad abitare e ad operare negli uomini come nel periodo anticostamentario, parlando ed agendo tramite loro, ma egli si è voluto fare uomo, prendendo da Maria tutto ciò di cui è composto un uomo sia a livello fisico che psichico:

> Il Verbo non si limitò ad unirsi ad un uomo secondo modalità usate precedentemente, come quando parlò per mezzo dei profeti, abitando ed operando in essi con la sua potenza. Invece è stato il Verbo stesso a farsi uomo vero (...). Egli unì l'esistenza umana e precisamente un'esistenza umana perfetta, vale a dire tutto ciò che si trova in un uomo e come esiste in un uomo.[99]

1.4.2. Tramite lo sposo Giuseppe

Il concepimento del Verbo nel grembo di Maria si è realizzato grazie al matrimonio con Giuseppe (Mt 1,8). Eusebio di Cesarea, riferendosi al testimonium scritturistico di Mt 1,8, spiega che Giuseppe è stato anche lui uno dei protagonisti del concepimento del Verbo nel seno di Maria, perché il concepimento ha avuto inizio subito dopo l'evento liturgico del matrimonio con Giuseppe, o meglio quando tutti

---

[99] *Ibidem*

78

sapevano che Maria era già sposa di Giuseppe, ma che non era ancora consorte, perché ella concepì il Verbo prima che Maria andasse a vivere la propria vita maritale con il suo sposo Giuseppe:

> lei non concepì prima delle nozze né prima di accostarsi a un uomo ma, dopo essere andata sposa a Giuseppe, prima di aver cominciato a vivere con lui, ed essere chiamata da tutti sua moglie quando abitavano insieme e sembravano ormai condurre vita maritale; in altre parole insomma prima che andassero a vivere insieme, fu trovata incinta ad opera dello Spirito Santo (…). Essa quindi fu trovata incinta ed in modo, per così dire, maritale non nella casa dei suoi genitori ma in quella di Giuseppe.[100]

Giuseppe ha compreso tale evento prodigioso per due motivi:

> – per opera dello Spirito che manifestò a lui il concepimento di Maria. Si tratta di una vera e propria antropo teurgia perché lo Spirito fece sapere la cosa allo

---

[100] EUSEBIO DI CESAREA, *Questioni evangeliche a Stefano* 1-4. Ed. crit. J.P. MIGNE, *PG* 22, Paris 1857, 880A. Trad. di Aa.Vv., *Testi mariani del primo millennio*, 253.

sposo Giuseppe: *"il fatto fu manifestato dallo Spirito Santo a Giuseppe che era uomo giusto.".*[101]

– Perché Giuseppe era uomo giusto:

Ed essendo egli giusto, non desta alcuna meraviglia se fu aiutato dallo Spirito divino a comprendere il concepimento della sua futura sposa e ad astenersi dal rapporto maritale.[102]

Nel linguaggio biblico giusto significa amico di Dio. Grazie a questa sua virtù, Giuseppe comprese che non si trovò incinta per suo concorso ma per concorso divino, e quindi pensò di licenziarla in segreto, per non esporla alle dicerie del volgo:

Ma, poiché egli era venuto a conoscenza per mezzo dello Spirito Santo che il concepimento della vergine era di origine divina, e poiché egli la ritenne più santa tanto che gli fosse consentito di abitare con lei più a lungo, per questo motivo l'evangelista giustamente dice che egli pensò di licenziarla segretamente, senza che fosse diffamata da lui e senza esporla alle dicerie del volgo.[103]

---

[101] EUSEBIO DI CESAREA, *Questioni evangeliche a Stefano* 1-4. Ed. crit. J.P. MIGNE, *PG* 22,880A. Trad. di Aa.Vv., *Testi mariani del primo millennio,* 254.
[102] *Ibidem*
[103] *Ibidem*

Giuseppe era giusto perché fu aiutato dallo Spirito Santo a comprendere il concepimento della sua futura sposa e ad astenersi dal rapporto maritale.

Come nel sabato protologico non esiste alcun rapporto maritale, ma piena unità di intenti tra il Logos e Dio Padre, allo stesso modo nel sabato soteriologico, che ha il suo incipit con il concepimento di Maria e con la conseguente nascita del Verbo, sussiste piena unità di intenti tra Maria, Dio Padre e lo Spirito. Notiamo una vera e propria comunione volontaria tra Maria, lo Spirito e Giuseppe. Questa circolarità di intenti diviene lo specchio vivente del sabato protologico, dove nella comunione di intenti si genera il Verbo che, alle origini della creazione, opera una prima salvazione, cioè l'allontanamento delle tenebre con la creazione della luce e che ora genera una seconda economia salvifica:

> dalla vergine invece procede l'economia della salvezza. Questa non giunge direttamente da Dio all'uomo, in quanto è stata la vergine che ha assunto colui che è venuto a salvare.[104]

---

[104] EUSEBIO DI EMESA, *Sermone* 9,31. Ed. crit. E.M. BUYTAERT, *Eusèbe d'Émèse. Discours conservés en latin*, t. I. *La collection de Troyes* (Spicilegium sacrum Lovaniense 26), Louvain 1953, 236. Trad. di Aa.Vv., *Testi mariani del primo millennio*, 261.

Questa seconda economia salvifica non è in contraddizione con la precedente, ma è a questa contigua in quanto la modalità è sempre la stessa: come per l'unione delle volontà di Dio e quella del Verbo si ebbe la generazione del Verbo; generazione che nel sabato protologico ebbe finalità salvifica in rapporto alla scomparsa delle tenebre e con la nascita della vita nel mondo, così per l'unione delle volontà di Dio con quella di Maria si ebbe la nascita del Verbo; nascita che nel sabato soteriologico ha anch'essa finalità salvifica, perché fin da bambino il Verbo cacciava le forze del male.

Dalla comunione della volontà di Maria con quella di Dio ne consegue che la stessa carne di Maria fu esente dalla contaminazione maritale, in quanto in lei predominò l'essere per Dio. La stessa carne di Maria conobbe l'unione volontaria con Dio, perché lei volle seguire arbitrariamente la virtù:

> Maria è madre della carne, Dio invece è padre della virtù. La virtù prese la carne dalla vergine (...) la virtù, dunque, che concesse alla vergine ciò che era impossibile ad una vergine, non restò contaminata, ma arrecò dono alla vergine.[105]

---

[105] EUSEBIO DI EMESA, *Sermone* 13.17,10. Ed. crit. E.M. BUYTAERT, *Eusèbe d'Émèse. Discours conservés en latin*, t. I. *La collection de Troyes* (Spicilegium sacrum Lovaniense 26), 332-333.378. Trad. di Aa.Vv., *Testi*

Lo stesso Logos, che nel sabato protologico esce come essere divino dalla bocca del Padre e che in forza di questa prolazione ha fondato la prima economia salvifica, allo stesso modo egli, conservando la sua integrità ontica quando discende in Maria perché da lei si forma il suo corpo, fonda il sabato soteriologico: *"Infatti Egli non divenne Dio quando assunse la carne da Maria: Egli ebbe l'inizio dell'economia dalla salvezza, non l'inizio della natura divina"*.[106]

Diversamente dai bimbi nati da donna che divengono come tali perché provengono da donna, il Logos rimase intatto nella sua costituzione di essere eterno. Il Logos non fu sottoposto alla legge della natura, perché per natura ogni bimbo nasce dall'unione maritale dei due gameti maschile e femminile, mentre invece il Logos fu guidato dallo Spirito di Dio nel rivestirsi della carne di Maria.

Gesù ebbe come padre Dio e come madre Maria.

Il matrimonio di Maria con Giuseppe non degradò la divinità del Logos, perché egli rimase com'era prima in quanto proveniva da Dio, benché fu rivestito della carne di Maria, carne

---

mariani del primo millennio, 262.
[106] EUSEBIO DI EMESA, *Sermone* 13. Ed. crit. E.M. BUYTAERT, *Eusèbe d'Émèse. Discours conservés en latin*, t. I. *La collection de Troyes* (Spicilegium sacrum Lovaniense 26), 332-333. Trad. di Aa.Vv., *Testi mariani del primo millennio*, 262.

che, anche dopo il parto, restò scevra dal rapporto maritale: "*la vergine anche dopo il parto restò immune dal rapporto fisico e quindi non celebrò un matrimonio comune*".[107] Maria aveva in comune col suo sposo la casa perché abitavano insieme, non il talamo, in quanto sopra l'istinto carnale predominava sia in lei che in quello dello sposo quello spirituale teso alla conformazione con Dio: "*Maria coabitava insieme al suo sposo*".[108] A partire da tale ottica l'incipit del sabato soteriologico si mantenne costante nel tempo perché Maria, il suo Verbo e il suo sposo rimasero fortemente ancorati a Dio, con il compenso di rendere questo nuovo tempo di salvezza occasione di progressivo compimento della volontà salvifica di Dio.

A partire da tale ottica il matrimonio di Maria con Giuseppe è finalizzato a rendere incontaminata la loro coabitazione, perché la carne del Logos potesse assumere una carne immune dal rapporto con un uomo; la carne del Logos era pura, come era puro il Logos proveniente dal Padre:

Se avesse voluto soltanto apparire, certamente avrebbe potuto assumere un corpo più eccellente,

---

[107] TEODORO DI ERACLEA, *Commento a Matteo, frammento* 5. Ed. crit. O. von GEBHARDT – A. HARNACK, *TU* 61,57-58. Trad. di Aa.Vv., *Testi mariani del primo millennio,* 268.
[108] *Ibidem*

84

invece prese il nostro, e questo non in modo usuale,
ma puro e per nulla contaminato da unione maritale.
Lo assunse da una Vergine inviolata, pura, senza che
conoscesse uomo. Infatti, essendo egli potente e
creatore di tutte le cose egli si edificò nella vergine
un tempio, cioè il suo corpo.[109]

Solo la carne pura, assunta dal Logos dal corpo di Maria, poteva essere in grado di debellare ogni forma di mali che circolavano nell'umanità bisognosa di redenzione. Infatti il Verbo si è incarnato nel corpo puro di Maria perché l'umanità fosse riscattata dai peccati: *"Fondamentale è la presenza di Maria: affinché Egli assumesse da essa il corpo e, come proprio, lo offrisse per noi"*.[110] Il corpo puro di Gesù, insieme a quello di Maria, obbedisce alla volontà di Dio Padre di essere dato all'umanità perché questa ritornasse al Padre. Il corpo di Maria come quello del Logos è teoforo, perché porta in sé la divinità. La stessa purezza che il Figlio viveva insieme al Padre nel sabato protologico viene

---

[109] ATANASIO ALESSANDRINO, *Orazione sull'incarnazione del Verbo* 8. Ed. crit. J.P. MIGNE, *PG* 25, Paris 1884, 109C. Trad. di Aa.Vv., *Testi mariani del primo millennio*, 274.
[110] ATANASIO ALESSANDRINO, *Lettera ad Epitteto* 4-5. Ed. crit. J.P. MIGNE, *PG* 26, Paris 1887, 1056B-1057D. Trad. di Aa.Vv., *Testi mariani del primo millennio*, 276.

rivissuta nel nuovo tempo di salvezza nella carne insieme a Maria.

Si nota il medesimo parallelismo nella modalità: come nel sabato protologico la purezza viene condivisa dal Logos e dal Padre, così in quello soteriologico la stessa purezza viene condivisa dal Verbo e da Maria nella carne. Il verbo, nascendo da carne pura, diviene il primogenito di Maria, perché è stato generato prima di tutte le creature, in quanto nessuna altra creatura prima di lui fu generato da un seno puro, cioè da un seno che non conobbe nessun uomo, perfino il suo sposo:

> la Scrittura garantisce che la nascita del Salvatore è stata immacolata. Dunque le parole: «Non la conobbe» (Mt 1,25) sono a sua gloria e il termine «primogenito» indica che il Cristo è stato generato prima di ogni creatura (cf. Col. 1,15).[111]

Precedentemente Epifanio aveva precisato che *"Cristo non è nato dal seme di Giuseppe"*, perché se così fosse non sarebbe stata quella di Cristo una nascita prodigiosa, come facevano presagire sia il testimonium scritturistico di Is 7,14 che quello di Lc 1,34-35:

---

[111] EPIFANIO DI SALAMINA, *Contro tutte le eresie* (*Panarion*) 78,20. Ed. crit. K. HOLL, *GCS* 37, Leipzig 1933, 471-472. Trad. di Aa.Vv., *Testi mariani del primo millennio*, 400.

Altrimenti chi potrebbe dichiarare che una simile procreazione è un prodigio e precisamente il segno predetto da Isaia, il quale affermò: «Il Signore stesso vi darà un segno: Ecco, la vergine concepirà e partorirà un figlio» (Is 7,14), con ciò che segue? In che modo si avvererebbe quello che la Vergine Santa disse a Gabriele: «Come avverrà questo se non conosco uomo» (Lc 1,34). E l'angelo rispose: «lo Spirito Santo discenderà su di te e la potenza dell'Altissimo ti coprirà con la sua ombra» (Lc 1,35).[112]

Ancora prima di Epifanio, Tertulliano aveva mostrato, attraverso il parallelismo di Adamo, che Cristo, al pari di Adamo, ha preso carne indipendentemente dal seme virile:

Adamo stesso fu fatto in modo da diventare questa carne pur senza seme virile. Come la terra fu trasformata in questa carne senza seme virile, così anche il Verbo di Dio poté, senza coagulo, passare nella materia della medesima carne.[113]

---

[112] EPIFANIO DI SALAMINA, *Contro tutte le eresie* 28,7. Ed. crit. K. HOLL, *GCS* 25,319-320. Trad. di Aa.Vv., *Testi mariani del primo millennio*, 383.

[113] TERTULLIANO, *La carne di Cristo* 16,5. Ed. crit. J.P. MAHÉ, *Tertullien. La chair du Christ*, Paris 1975, 278. Trad. di F. TRISOGLIO, *Cristo nei*

La metafora del coagulo sta a significare che il liquido virile condensato, alla maniera del latte cagliato, non è, secondo Tertulliano, l'unico principio generatore.

Analogamente nel sabato protologico il Logos era primogenito delle creature, perché generato anteriormente a tutte le creature. Egli è la prima parola pura che esce dalla bocca del Padre come puro esce dal seno di Maria nel sabato soteriologico. In questa situazione esiste qualcosa di analogo alla situazione precedente il mistero dell'incarnazione. Cristo infatti, come vero primogenito del Padre su in cielo, esiste prima di ogni creatura.

1.4.3. Tramite l'azione dello Spirito Santo

Il protagonista della purificazione della vergine nella carne e nello spirito è lo Spirito. Egli l'ha consacrata perché il suo spirito e il suo corpo fossero esenti da ogni ogni forma di contaminazione: *"la quale vergine era stata previamente purificata dallo Spirito nell'anima e nel corpo"*.[114]

Padri. I cristiani delle origini dinanzi a Gesù. Antologia di testi, 112.
[114] GREGORIO NAZIANZENO, *Discorsi* 38,13. Ed. crit. H. METREVELI (Ed.), *CCSG* 45, Turnhout-Leuven 2001, 96. Trad. di Aa.Vv., *Testi mariani del primo millennio,* 306.

Come nel sabato protologico Cristo fu consacrato dallo Spirito e reso puro per essere mediatore della creazione, allo stesso modo la vergine venne resa pura dallo Spirito e consacrata per essere la madre del Verbo. Ancora prima che il Verbo discendesse nella carne di Maria, ella fu *"purificata"* dallo Spirito sia nell'anima che nel corpo: *"Fu concepito dalla Vergine, la quale era stata previamente purificata dallo Spirito nell'anima e nel corpo"*.[115] Dopo che lo Spirito Santo discese su Maria il Verbo si è costruito la propria carne a partire da quella di Maria: *"Lo Spirito purificatore discese sulla Vergine e il Verbo si plasmò (.......) nel seno di lei una natura umana"*.[116] Il verbo plasmare è indicativo di colui che foggia la materia secondo la propria immagine. Per questo motivo il Logos ha forgiato la sagoma del suo corpo e la sua stessa carne da una carne pura come quella di Maria, perché degna di un Dio che scende su di lei. Il Verbo non poteva scendere in una carne putrida e contaminata da concorso di uomo, perché egli era stato consacrato puro dallo Spirito Santo e per onorare questa sua

---

[115] GREGORIO NAZIANZENO, *Discorsi* 38,12. Ed. crit. H. METREVELI (Ed.), *CCSG* 45, Turnhout-Leuven 2001, 96. Trad. di Aa.Vv., *Testi mariani del primo millennio,* 306.
[116] GREGORIO NAZIANZENO, *Poesie dommatiche* 10,55. Ed. crit. J.P. MIGNE, *PG* 37, Paris 1862, 466A-469A. Trad. di Aa.Vv., *Testi mariani del primo millennio,* 306.

azione, era necessario che si fabbricasse da Maria una carne pura, esente da ogni coito umano e questa carne pura era proprio quella di Maria, la quale fu scevra da qualsiasi tipo di putridume.

Il Verbo discese su Maria non solo per forgiarsi un corpo ma anche un'anima, a partire da quella di Maria che fu pura non solo nel corpo ma anche nello spirito, perché così l'aveva resa lo Spirito:

> Egli era il Verbo stesso di Dio, colui che esiste prima dei secoli, l'invisibile, l'incomprensibile, l'incorporeo, principio di ogni principio, luce da luce, sorgente di vita e di immortalità, modello della bellezza archetipa, sigillo irremovibile, immagine immutabile, definizione e parola del Padre. Egli venne nella sua propria immagine e si addossò la carne (...); si congiunse con un'anima razionale.[117]

Gregorio Nazianzeno puntualizza che il Logos si racchiude in una carne e in un'anima esenti da qualsiasi tipo di contaminazione, per cui l'unione carne-anima nel Logos sono degne solo del Logos, perché pure:

---

[117] GREGORIO NAZIANZENO, *Discorsi* 38,13. Ed. crit. H. METREVELI (Ed.), *CCSG* 45, Turnhout-Leuven 2001, 95-96. Trad. di Aa.Vv., *Testi mariani del primo millennio,* 306.

90

Venne pertanto come Dio con ciò che Egli aveva assunto; un solo essere costituito da due elementi contrari, vale a dire dalla carne e dallo Spirito. La prima è ciò che viene divinizzato; la seconda è ciò che divinizza. O congiunzione del tutto nuova! O straordinaria unione! Colui che è, diviene, e l'increato viene creato; colui che non può essere contenuto in alcun luogo, grazie all'anima razionale, la quale fa da mediatrice tra la divinità e lo spessore della carne, viene racchiuso.[118]

Come nel sabato protologico il Verbo non poteva divenire primogenito della creazione se non fosse stato consacrato, cioè reso puro dallo Spirito in vista del suo ruolo di mediatore nella creazione, allo stesso modo nel sabato soteriologico il Verbo non poteva divenire uomo se la Vergine non fosse stata resa pura dallo Spirito, in vista del suo ruolo di mediatrice nei riguardi della nascita del Logos: *"Se venissi alla luce da un seno impuro, non saresti certamente puro. Infatti ciò che è puro non può essere racchiuso in ciò che è impuro"*.[119]

<hr>

[118] GREGORIO NAZIANZENO, *Discorsi* 38,13. Ed. crit. H. METREVELI (Ed.), *CCSG* 45, Turnhout-Leuven 2001, 96. Trad. di Aa.Vv., *Testi mariani del primo millennio,* 307.

[119] GREGORIO NAZIANZENO, *Poesie che si rivolgono ad altri* 7,209-230. Ed. crit. J.P. MIGNE, *PG* 37,1567A-1569A. Trad. di Aa.Vv., *Testi mariani*

La carne di Maria diviene teofora, perché chiamata da Dio a diventare pura e capace di portare al di dentro la divinità. Nella sua carne immacolata si rispecchia e prende piede l'umanità del Verbo:

> Questa (la vergine), dopo averlo concepito nelle sue viscere irradiate dalla divinità, lo diede alla luce al termine del tempo della gestazione. Allora il Verbo sovrano rivestì la nostra carne pesante e riempì il tempio con la pura divinità. Per me, in ambedue le nature, era rimasto un solo Dio.[120]

La divinità diviene uno degli assi portanti attraverso cui il Verbo esce dalla bocca di Dio nel sabato protologico e in quello soteriologico dal seno di Maria. Grazie alla divinità è stato possibile per il Verbo essere proferito dal Padre e diventare uomo nel seno di Maria. In virtù della divinità del Verbo anche le membra di Maria sono diventate splendenti di divinità. Contrastando l'eresia apollinarista, Gregorio Nisseno puntualizza che in forza della divinità, che procede dall'alto, è stato possibile al Verbo formare la sua porzione di carne, in

del primo millennio, 313.
[120] GREGORIO NAZIANZENO, _Poesie che si rivolgono ad altri_ 7,209-230. Ed. crit. J.P. MIGNE, _PG_ 37,1567A-1569A. Trad. di Aa.Vv., _Testi mariani del primo millennio,_ 313-314.

modo da renderla affine nell'unica azione divina sia a Dio che all'uomo:

Con tutti coloro che professano la retta fede, anch'io dichiaro di credere che il medesimo è Dio e uomo, non però alla maniera in cui lo pensa Apollinare. Infatti la realtà non è come la pensa lui: che cioè la divinità diventa qualcosa di terreno e l'umanità qualcosa di celeste. Invece è la potenza dell'Altissimo che, per mezzo dello Spirito Santo, ha adombrato la natura umana (Lc 1,35) e questa è stata così formata; cioè la porzione di carne è stata plasmata nella Vergine immacolata. Questo è il motivo per cui colui che è nato da lei viene chiamato Figlio dell'Altissimo. In effetti la divina potenza rende possibile una certa affinità della natura umana con Dio, mentre la carne rende possibile a Dio una certa parentela con l'uomo.[121]

Nel corpo di Maria il Verbo plasmò il suo corpo grazie alla sua divinità, perché in forza di questa il Verbo poté formarsi il suo corpo e farlo divenire nuovo:

---

[121] GREGORIO NISSENO, *contro Apollinare* 6. Ed. crit. W. JAEGER (Ed.), *Gregorii nysseni opera dogmatica minora*, vol. III,1, Leiden 1958, 139-140. Trad. di Aa.Vv., *Testi mariani del primo millennio*, 324.

Quando lo Spirito Santo venne nella Vergine e la potenza dell'Altissimo l'adombrò, l'uomo nuovo fu formato in lei. Questi fu chiamato nuovo perché venne plasmato da Dio non secondo la consuetudine umana ma diversamente, affinché diventasse una dimora di Dio non manufatta, dal momento che l'Altissimo non dimora in opere manufatte, cioè in opere predisposte dagli uomini.[122]

E' la divinità dello Spirito che, subentrando in Maria, rende santa la generazione del Verbo. E' proprietà dello Spirito togliere qualsiasi forma di contaminazione. In relazione a questo fatto il Verbo è stato concepito solo da Maria, la piena di grazia:

Incontaminata e senza macchia è la generazione. Dove infatti spira lo Spirito Santo, ivi vien tolta ogni contaminazione: quindi la natività umana dell'unigenito dalla Vergine è immune da sordidezza.[123]

---

[122] GREGORIO NISSENO, *omelia sulla Risurrezione* 1. Ed. crit. W. JAEGER, *Gregorii Nysseni Sermones*, vol. IX, 291-292. Trad. di Aa.Vv., *Testi mariani del primo millennio*, 325-326.
[123] CIRILLO DI GERUSALEMME, *Catechesi* 12,32. Ed. crit. W.C. REISCHL-J. RUPP, *Cyrilli hierosolymarum archiepiscopi opera quae supersunt omnia*, vol. II, 44. Trad. di Aa.Vv., *Testi mariani del primo millennio*, 364.

Lo Spirito Santo, precisa Cirillo, scese su Maria in vista dell'accoglienza del Verbo. Previa al libero arbitrio della vergine è stata l'azione santificatrice dello Spirito, grazie alla quale la vergine consentì ad ospitare il Verbo nelle sue membra: "*lo Spirito Santo, venendo su di lei, la santificò in modo che potesse accogliere colui, per mezzo del quale tutto è stato fatto*".[124]

Quanto alla plasmazione del Verbo nel corpo di Maria Didimo precisa che Dio è il soggetto non solo di tale attività, ma anche della fuoriuscita di questo dal seno di Maria, grazie alla castità e purezza del corpo di Maria, reso come tale dall'azione santificatrice dello Spirito:

> Lo stesso Dio che plasma i corpi nel grembo – come
> dice Geremia – plasmò anche questo corpo nel seno
> di Maria. E poiché il corpo era tutto casto e puro,
> Egli stesso lo estrasse dal seno. Non fece gran conto
> di ciò: ma come plasmando Adamo lo mostrò uomo,
> così plasmando lui lo estrasse fuori.[125]

---

[124] CIRILLO DI GERUSALEMME, *Catechesi* 17,6. Ed. crit. W.C. REISCHL-J. RUPP, *Cyrilli hierosolymarum archiepiscopi opera quae supersunt omnia*, vol. II, 258. Trad. di Aa.Vv., *Testi mariani del primo millennio*, 365.

[125] DIDIMO ALESSANDRINO, *Commento al Salmo* 21,10. Ed. crit. L. DOUTRELEAU – A. GESCHÉ – M. GRONEWALD, *Didymos der Blinde. Psalmenkommentar*, vol. I, 118-120. Trad. di Aa.Vv., *Testi mariani del primo millennio*, 368.

Sempre Didimo spiega più in particolare che il Padre trasse fuori dal seno di Maria il Verbo dopo che lo ha plasmato, perché egli non viene dall'emissione del seme ma egli prese la materia dal corpo di Maria:

> Dall'uomo viene fatta l'emissione del seme, ma la formazione e il parto sono fatti «per mezzo» della donna. Ora, poiché Egli non ha ciò che è dall'uomo e per mezzo «della» donna, ma ha ciò che è «da» (prese infatti «da» donna l'intera materia, non come gli altri uomini).[126]

1.5. *Per volontà del Padre e del Logos*

Per quanto riguarda la sua generazione temporale Giustino afferma che Cristo è nato per mezzo di una vergine.[127]

Come nella prima generazione, anche in questa temporale Cristo è generato dalla volontà del Padre, per il fatto che Cristo non ha origine umana,

---

[126] DIDIMO ALESSANDRINO, *Commento al Salmo* 30,21. Ed. crit. L. DOUTRELEAU – A. GESCHÉ – M. GRONEWALD, *Didymos der Blinde. Psalmenkommentar*, vol. 3, Bonn 1969, 120. Trad. di Aa.Vv., *Testi mariani del primo millennio*, 369.

[127] GIUSTINO, *Dialogo con Trifone* 43,1;66,1;100,6. Ed. crit. M. MARCOVICH, *Iustini martyris. Dialogus cum Tryphone*, 140; 183; 243. Per l'argomento cfr. C. RANDAZZO, *Aspetti cristologici nel Dialogo con Trifone*, 101-113.

96

in quanto il suo sangue non viene da seme umano,
ma dalla volontà di Dio (…) Dio e Padre di tutte le
cose lo avrebbe generato dall'alto servendosi di un
grembo umano?.[128]

Da ciò si evince che Maria diviene puro strumento nelle mani di Dio, perché ciò che nasce in lei è generato dall'alto. Giustino fa osservare a Trifone che colui che è nato in Maria non proviene da seme umano, cioè da sangue umano, ma dalla volontà di Dio:

Del suo sangue, poi, Mosé, come ho sopra riferito,
ha detto, parlando in modo figurato: "*Lava la sua
veste nel sangue dell'uva*", in quanto il suo sangue
non viene da seme umano, ma dalla volontà di
Dio.[129]

Il sangue di Cristo non è di origine umana, ma divina, in quanto è stato "*Dio che ha generato il sangue dell'uva*".[130]

---

[128] GIUSTINO, *Dial.* 63,2-3. Ed. crit. M. MARCOVICH, *Iustini martyris. Dialogus cum Tryphone*, 178-179. Trad. di G. VISONÀ, *S. Giustino. Dialogo con Trifone*, 222-223.

[129] GIUSTINO, *Dial.* 63,2. Ed. crit. M. MARCOVICH, *Iustini martyris. Dialogus cum Tryphone*, 178-179. Trad. di G. VISONÀ, *S. Giustino. Dialogo con Trifone*, 222-223.

[130] GIUSTINO, *Dial.* 76,2. Ed. crit. M. MARCOVICH, *Iustini martyris. Dialogus cum Tryphone*, 201. Trad. di G. VISONÀ, *S. Giustino. Dialogo con Trifone*, 251-252.

Giustino si avvale non solo della profezia di Mosé "*lava la sua veste nel sangue dell'uva*" (Gen 49,11), ma anche di quella di Dn 2,34 per mostrare a Trifone che colui che si è staccato dal grembo di Maria è nato "*non per mano d'uomo*" (Dn 2,34). Ciò sta ad indicare per Giustino che, colui che è uscito dal grembo di Maria, è uscito solo grazie alla volontà di Dio:

> Dire che è stato staccato via non per mano d'uomo significa che si tratta di un'operazione compiuta non dall'uomo ma dalla volontà di quel Dio, Padre di tutte le cose, che lo ha emesso.[131]

Eusebio di Emesa puntualizza che la discesa del Verbo nel seno di Maria avvenne per sua volontà: "*Discese dunque per sua volontà*".[132] Egli sottolinea che, a motivo della sua stessa volontà, il Verbo discese in Maria.

Quindi anche per la generazione temporale del Logos la modalità è uguale alla prima: come il Logos, nel piano immanente di Dio, è generato dalla volontà del Padre, allo stesso

---

[131] GIUSTINO, *Dial.* 76,1. Ed. crit. M. MARCOVICH, *Iustini martyris. Dialogus cum Tryphone*, 201. Trad. di G. VISONÀ, *S. Giustino. Dialogo con Trifone*, 251.

[132] EUSEBIO DI EMESA, *frammento* 3,4. Ed. crit. É.M. BUYTAERT, *L'héritage littéraire d'Eusèbe d'Émèse. Étude critique et historique textes*, (Bibliothèque du Muséon 24), Louvain 1949, 71. Trad. di Aa.Vv., *Testi mariani del primo millennio*, 263.

modo il medesimo Logos, nel piano economico di Dio, è generato sempre dalla volontà di Dio nel grembo di Maria. La modalità che causa la generazione del Logos è sia nella prima che nella seconda la medesima, cioè la volontà di Dio.

A partire da ciò Giustino fa notare a Trifone che la profezia di Is 7,14 *"Ecco, il Signore stesso vi darà un segno. Ecco la vergine concepirà e partorirà un figlio"* si è realizzata in relazione al fatto che colui che doveva nascere in Maria non è frutto di un rapporto carnale (*Dial.* 84,1), ma *"opera della potenza e della volontà del creatore di tutte le cose"* (*Dial.* 84,2), in quanto

> lo Spirito del Signore sarebbe sceso su di lei e la potenza dell'Altissimo su di lei avrebbe steso la sua ombra, per cui il santo nato da lei sarebbe stato il Figlio di Dio; e rispose: Avvenga di me secondo la tua parola.[133]

Sotto questo profilo l'incarnazione del Verbo avviene per l'unione delle due volontà, quella del Padre e quella dello stesso Figlio. Il Padre per libero arbitrio, in profonda unione con la volontà del Figlio, ha inviato il Figlio nel seno di Maria, avendo

---

[133] GIUSTINO, *Dial.* 100,5. Ed. crit. M. MARCOVICH, *Iustini martyris. Dialogus cum Tryphone*, 242-243. Trad. di G. VISONÀ, *S. Giustino. Dialogo con Trifone*, 300-301.

preparato una carne santa e pura che lo potesse accogliere. Il movente dell'azione del Padre, che invia il Figlio e che prepara per lui la carne di Maria, sta nella unione delle due volontà, quella del Verbo e quella del Padre:

> di propria iniziativa e per volere del suo stesso
> Verbo, mandò questi dall'alto; dal profondo invece
> gli preparò una carne; cosa che avvenne pure per
> benevolenza sua e del medesimo Verbo.[134]

Dopo che il Padre gli ha preparato la carne dove poter discendere, il Logos si arrogò la responsabilità di formarsi un corpo, indipendentemente dal seme virile: *"si plasmò Egli stesso la sua santa carne da Maria, Madre di Dio, senza alcun ausilio di un seme virile"*.[135]

Epifanio precisa che il Padre del Verbo è Dio perché egli lo ha generato senza un inizio prima che il mondo venisse creato e perché gli ha dato la possibilità di prendere carne da Maria secondo le *"leggi della carne"*:

> Il Padre è Dio del Figlio in quanto questi è uomo; ma
> è suo Padre a causa della sua eterna, ineffabile e vera

---

[134] EPIFANIO DI SALAMINA, *L'ancora della fede* 32. Ed. crit. K. HOLL, *GCS* 25,41. Trad. di Aa.Vv., *Testi mariani del primo millennio*, 374.
[135] EPIFANIO DI SALAMINA, *L'ancora della fede* 30. Ed. crit. K. HOLL, *GCS* 25,38-39. Trad. di Aa.Vv., *Testi mariani del primo millennio*, 374.

generazione. Dio è realmente suo Padre perché, secondo la divinità, lo ha generato prima di tutti i secoli e senza inizio alcuno. Doveva dunque chiamarlo suo Dio a causa dell'economia salvifica che Egli decise a nostro favore, perché, pur essendo eterno come il Padre e pur essendo Verbo generato senza inizio, negli ultimi tempi fu generato nella carne da Maria, secondo le leggi della carne.[136]

Addossandosi un corpo e un'anima mortali, il Verbo visse le sue funzioni corporee dando preminenza alla vita dello spirito. Ogni suo atto corporeo è conforme a ragione e conciliabile con la sua divinità, per cui in lui non predominarono atti irrazionali e disordinati, come invece succede a un qualunque altro uomo:

Egli, secondo il suo volere, si permise delle necessità corporee che risultavano conformi alla ragione e compatibili con la sua divinità. Infatti, pur possedendo un intelletto vero, alla stregua di tutti gli altri uomini, questo non fu mai trascinato verso delle brame irrazionali; né Egli fece o pensò azioni carnali come capita a noi.[137]

---

[136] EPIFANIO DI SALAMINA, *L'ancora della fede* 30. Ed. crit. K. HOLL, *GCS* 25,38-39. Trad. di Aa.Vv., *Testi mariani del primo millennio*, 375.
[137] EPIFANIO DI SALAMINA, *L'ancora della fede* 79. Ed. crit. K. HOLL,

Epifanio sottolinea che il Verbo, pur dimorando nella carne e pur possedendo un'anima e un corpo come noi, non si è mai lasciato sedurre, né trasportare dagli impulsi disordinati.

Diversamente dall'umanità dannata, perché prevaricata e succube dei desideri disordinati, Cristo non si piegò ai desideri carnali ereditati da Adamo, ma dominò e guidò se stesso facendo prevalere lo Spirito di Dio sulle debolezze della carne:

> allorché prese dalla Sempre vergine Maria un vero corpo, un'autentica anima umana, un intelletto e tutto quello che appartiene alla natura dell'uomo, essendo anche vero Dio, dovette dominare e guidare se stesso in modo tale che nessuna parte del suo io rimanesse corrotta dal peccato, svigorita dal male o conquistata dal piacere, e soccombesse alla prevaricazione di Adamo.[138]

GCS 25,99. Trad. di Aa.Vv., *Testi mariani del primo millennio,* 380.
[138] EPIFANIO DI SALAMINA, *L'ancora della fede* 80. Ed. crit. K. HOLL, *GCS* 25,99-100. Trad. di Aa.Vv., *Testi mariani del primo millennio,* 380.

1.6. *Per potenza divina*

Per opera della potenza divina Maria venne resa vergine: *"Infatti non sarebbe stato di una vergine generare Dio, ma fu la potenza di Dio che creò la vergine"*.[139]

La potenza di Dio cede il passo a quella del Logos: se da un lato Dio Padre rese vergine Maria grazie alla sua potenza, dall'altro a motivo della potenza del Padre il Verbo poté plasmare il suo corpo con la sua potenza nel corpo stesso di Maria:

> Allora la Sapienza si costruì una casa (Pv 9,1) e la potenza adombrante formò dentro un'immagine come una specie di sigillo. Allora la divina potenza si mescolò con ambedue gli elementi di cui consta la natura umana, intendo dire l'anima e il corpo, unendosi ugualmente all'una e all'altro.[140]

Secondo Gregorio Nisseno puntuale è sia l'azione dello Spirito che quella del Verbo, perché nel momento in cui lo Spirito scese su Maria e la potenza di Dio la avvolse come in un

---

[139] EUSEBIO DI EMESA, *frammento* 3,4. Ed. crit. É.M. BUYTAERT, *L'héritage littéraire d'Eusèbe d'Émèse. Étude critique et historique textes*, (Bibliothèque du Muséon 24), 71. Trad. di Aa.Vv., *Testi mariani del primo millennio*, 263.

[140] GREGORIO NISSENO, *omelia sulla Risurrezione* 1. Ed. crit. W. JAEGER, *Gregorii Nysseni Sermones*, vol. IX, 291-292. Trad. di Aa.Vv., *Testi mariani del primo millennio*, 326.

manto, il Verbo che da lei è stato foggiato non si è accollato nessuna forma di corruzione, nonostante sia divenuto uomo alla stessa stregua di Adamo:

> Pertanto, nell'istante stesso in cui lo Spirito Santo discese sulla Vergine e la potenza dell'Altissimo la ricoperse con la sua ombra, colui che in tal modo è stato plasmato in forma di tabernacolo, non contrasse minimamente la corruzione umana, pur divenendo uomo esattamente come l'uomo della prima creazione. Tuttavia Egli era spirito, grazia e potenza e in lui l'aspetto della nostra natura sfolgorava nella straordinarietà della potenza divina.[141]

Il Verbo si arroga l'appellativo di potenza perché, essendo spirito come il Padre, in lui risplende l'archetipo eterno della nostra natura umana, non formata da mano d'uomo (achirotipa).

Come nel sabato protologico il Verbo viene generato dalla potenza di Dio, allo stesso modo il Verbo prende una carne achirotipa nel corpo di Maria a motivo della potenza di Dio.

---

[141] GREGORIO NISSENO, *Lettera* 3. Ed. crit. W. JAEGER, *Gregorii Nysseni Opera. Epistulae*, vol. 8,2, Leiden 1959, 24-25. Trad. di Aa.Vv., *Testi mariani del primo millennio*, 328.

2. Effetti

2.1. *La singolarità e la propagazione della luce divina*

La nascita di Gesù si è manifestata sulla terra attraverso i seguenti tratti:

♥ la luce della Verità. La luce dell'astro che, collocato sopra la grotta in Betlemme dove nacque Gesù, rifulse nel cielo: *"Un astro rifulse nel cielo"*.[142] La sua brillantezza era al di sopra di tutte le luci che provenivano dagli altri astri: *"sopra tutti gli astri"*.[143]

Il grado di intensità della sua luce superava quella degli altri perché occupava un posto singolare, in quanto collocato in maniera suprema rispetto agli altri. Sempre Ignazio di Antiochia precisa che la sua luce *"era inspiegabile e la sua novità portò turbamento"*.[144] Più che di una luce fisica si trattava di una luce divina, una luce che oltrepassava la stessa brillantezza di tutti gli astri che orbitavano nel cielo. Una luce foriera di novità che fu oggetto di meraviglia e, al contempo, di turbamento per l'umanità impelagata nel baratro della morte. Questa luce,

---

[142] IGNAZIO DI ANTIOCHIA, *Lettera agli Efesini* 19,2. Ed. crit. F.X. FUNK-K. BIHLMEYER-M. WHITTAKER, *Die Apostolischen Väter. Griechisch-deutsche Parallelausgabe*, Tübingen 1992, 188. Trad. di Aa.Vv., *Testi mariani del primo millennio*, 122.
[143] *Ibidem*
[144] *Ibidem*

prosegue Ignazio, mostra la misteriosa novità, occulta agli occhi di tutti, ma preparata da Dio: la vita eterna. Si trattava di una luce che oltrepassava le angustie del mondo, perché aveva inizio quanto era stato stabilito da Dio:

> Allora fu sciolta ogni magia, ogni laccio di iniquità fu abolito; fu distrutta l'ignoranza, il vecchio regno andò in rovina, essendo apparso Dio in forma umana per una novità di vita eterna; ed ebbe inizio ciò che era stato stabilito da Dio.[145]

♥ l'unità. La stella che dall'alto del cielo avvolse con la sua luce la grotta di Betlemme, sempre per Ignazio, era all'unisono con le altre: *"Tutti gli astri, poi, col sole e la luna, fecero coro alla stella"*.[146] Nonostante la supremazia di questo sugli altri, questi ultimi non si oppongono alla sua comparsa, anzi si rendono ad esso conformi, facendone comparire anche la loro unanimità.

♥ l'espansione. La stella divina, sottolinea Ignazio, ha la caratteristica di diffondere sugli altri la sua luce immortale: *"ed essa spandeva la sua luce al di sopra di tutti"*.[147] Tale espansione produsse subbuglio da parte delle cose della terra, causato dal fatto di voler conoscere da dove derivasse tale novità, per niente

---

[145] *Ibidem*
[146] *Ibidem*
[147] *Ibidem*

paragonabile al loro usuale corso di vita ineluttabilmente destinato alla morte eterna: *"E vi fu scompiglio, per sapere donde venisse quella novità, così dissimile da loro"*.[148] Lo sconvolgimento da parte di tutte le cose avviene grazie al progetto di Dio che, con la venuta di Cristo, stava preparando la distruzione della morte: *"Per questo ogni cosa era sconvolta, perché si stava preparando la distruzione della morte"*.[149]

Sotto questo profilo la nascita di Cristo è propedeutica al subbuglio terreno, perché la terra si era imbevuta del peccato di Adamo e a questo era ciecamente succube. La novità dell'espansione della luce divina sta proprio nel ridare alla terra la vita eterna, preparata da Dio.

2.2. *La nascita del Verbo in funzione anti-amartiologica*

La nascita carnale del Logos ha effetti cosmici. Infatti sul luogo dove è nato, un astro brillava nel cielo sopra tutti gli altri:

Un astro rifulse nel cielo sopra tutti gli astri (...).

Allora fu sciolta ogni magia, ogni laccio di iniquità

fu abolito; fu distrutta l'ignoranza, il vecchio regno

---

[148] IGNAZIO DI ANTIOCHIA, *Lettera agli Efesini* 19,3. Ed. crit. F.X. FUNK-K. BIHLMEYER-M. WHITTAKER, *Die Apostolischen Väter. Griechisch-deutsche Parallelausgabe*, 190. Trad. di Aa.Vv., *Testi mariani del primo millennio*, 122.
[149] *Ibidem*

andò in rovina, essendo apparso Dio in forma
umana per una novità di vita eterna; ed ebbe inizio
ciò che era stato stabilito da Dio. Per questo ogni
cosa era sconvolta, perché si stava preparando la
distruzione della morte.[150]

Ignazio di Antiochia mostra agli efesini che la nascita del
Verbo ha effetti sconvolgenti a livello cosmico, perché con lui
iniziava l'era della salvezza, sull'orma di quanto Dio Padre aveva
stabilito ab aeterno. Egli sconfigge tutto ciò che nel mondo
genera ignoranza e perdizione. Sotto questo profilo lo
sconvolgimento cosmico è in funzione soteriologica.

Più avanti Giustino puntualizza che il Logos *"fu
generato per volere di Dio Padre (…) per la distruzione dei
demoni"*.[151] Ne fanno fede, continua Giustino, le guarigioni di
coloro che compiono gli esorcismi strettamente nel nome di
Gesù Cristo crocifisso:

Molti dei nostri uomini, cioè dei cristiani,
esorcizzando nel nome di Gesù Cristo, crocifisso

---

[150] IGNAZIO DI ANTIOCHIA, *Lettera agli Efesini* 16-20. Ed. crit. F.X.
FUNK-K. BIHLMEYER-M. WHITTAKER, *Die Apostolischen Väter.
Griechisch-deutsche Parallelausgabe*, 188-189. Trad. di Aa.Vv., *Testi
mariani del primo millennio,* 122.
[151] GIUSTINO, *2Apologia* 6,5. Ed. crit. Ed. crit. M. MARCOVICH, *Iustini
martyris. Apologiae pro christianis*, 146. Trad. di C. BURINI (a cura di), *Gli
apologeti greci,* 157.

sotto Ponzio Pilato, hanno guarito e ancora guariscono in tutto il mondo e nella vostra città molti indemoniati che non erano stati guariti da tutti gli altri esorcisti, autori d'incantesimi e somministratori di farmaci; ma essi rendono impotenti e cacciano i demoni che avevano posseduto gli uomini.[152]

Dal pensiero di Giustino si evince che l'effettiva distruzione dei demoni, da parte del Logos, è dipesa dalla volontà del Padre che ha generato il Logos a tale fine.

Ireneo di Lione mediante l'immagine del virgulto di Jesse, ripresa da Isaia, afferma che un'era decisiva di salvezza giunge con l'avvento del Verbo, in quanto il male, la violenza e la sopraffazione non hanno alcun potere su di lui:

Isaia dice ancora di più: «Un virgulto spunterà dalle radici di Iesse e un fiore spunterà dalla sua radice. Su di lui si poserà lo Spirito di Dio, spirito di sapienza e di intelligenza, spirito di consiglio e di fortezza, spirito di conoscenza e di pietà. (…). Con la parola della sua bocca percuoterà la terra e col soffio delle sue labbra ucciderà l'empio. Fascerà i

---

[152] GIUSTINO, *2Apologia* 6,6. Ed. crit. M. MARCOVICH, *Iustini martyris. Apologiae pro christianis*, 146. Trad. di C. BURINI (a cura di), *Gli apologeti greci*, 157.

suoi lombi con la giustizia e cingerà i fianchi con la verità. Il lupo andrà al pascolo con l'agnello e il leopardo col capretto: il vitello e il leone pascoleranno insieme (…) il bambino metterà la mano nella buca dell'aspide e nel covo delle vipere e non gli faranno alcun male.[153]

Con l'incarnazione il Logos adempie le promesse salvifiche fatte ai patriarchi, dal momento che tale evento è stato compiuto per debellare la morte e ridare vita all'uomo:

Per adempiere alle promesse e ricapitolarle in se stesso al fine di ridonarci la vita, il Verbo di Dio si incarnò mediante la vergine per distruggere la morte e ridare la vita all'uomo. Infatti eravamo incatenati al peccato e destinati a vivere nel peccato e con la morte.[154]

---

[153] IRENEO DI LIONE, *Dimostrazione della predicazione apostolica*, 59. Ed. crit. A. ROUSSEAU, *Irénée de Lyon. Démonstration de la prédication apostolique*, Paris 1995, 168-170. Trad. di E. PERETTO, *Ireneo di Lione. Epideixis, antico catechismo degli adulti*, Roma 1981, 154-155.
[154] IRENEO DI LIONE, *Dimostrazione della predicazione apostolica*, 37. Ed. crit. A. ROUSSEAU, *Irénée de Lyon. Démonstration de la prédication apostolique*, 134. Trad. di E. PERETTO, *Ireneo di Lione. Epideixis, antico catechismo degli adulti*, 123-124.

Sempre per Ireneo il Verbo si è incarnato perché spuntasse e si perpetuasse nel mondo una nuova discendenza, sulla falsariga di quella di Abramo:

> Mantenne così la promessa fatta da Dio ad Abramo di rendere la sua discendenza come le stelle del cielo (cf. Gn 15,5). Cristo adempì la promessa nascendo dalla vergine della stirpe di Abramo, facendo luci del mondo i credenti in lui e giustificando i Gentili con Abramo per mezzo della stessa fede. «Abramo infatti credette a Dio e ciò gli è accreditato come giustizia» (Gn 15,6).[155]

L'unzione del Verbo nel sabato protologico si rende concreta nell'incarnazione di Cristo perché nella sua umanità egli è stato causa di salvezza a quanti hanno creduto alle sue parole:

> Infatti ha ricevuto il nome di «Cristo» (=Unto), perché il Padre per suo mezzo e in vista della sua venuta come uomo ha unto e ordinato ogni cosa, perché fu unto dallo Spirito di Dio suo Padre, come

---

[155] IRENEO DI LIONE, *Dimostrazione della predicazione apostolica*, 35. Ed. crit. A. ROUSSEAU, *Irénée de Lyon. Démonstration de la prédication apostolique*, 132. Trad. di E. PERETTO, *Ireneo di Lione. Epideixis, antico catechismo degli adulti*, 121.

dice parlando di se stesso Isaia: «Lo Spirito del Signore è su di me, perciò mi ha unto per portare il lieto annunzio ai poveri» (Is 61,1); e quello di «Salvatore», perché è divenuto causa di salvezza per coloro che, fin da allora, furono da lui liberati da ogni infermità e morte; per coloro che avrebbero creduto dopo di loro è anche donatore di salvezza eterna.[156]

Nel *contro le eresie* Ireneo sottolinea che il Verbo era divenuto uomo, perché aveva ricevuto da Dio il potere di rimettere i peccati:

egli stesso era il Verbo di Dio, divenuto figlio dell'uomo, che aveva ricevuto dal Padre il potere di rimettere i peccati, perché era uomo ed era Dio, affinché come uomo patisse con noi e come Dio avesse misericordia di noi e ci rimettesse i debiti, che dovevamo a Dio nostro creatore.[157]

---

[156] IRENEO DI LIONE, *Dimostrazione della predicazione apostolica*, 53-54. Ed. crit. A. ROUSSEAU, *Irénée de Lyon. Démonstration de la prédication apostolique*, 158-160. Trad. di E. PERETTO, *Ireneo di Lione. Epideixis, antico catechismo degli adulti*, 146-149.
[157] IRENEO DI LIONE, *contro le eresie* V,17,3. Ed. crit. e trad. di A. ORBE, *Il Cristo. Testi teologici e spirituali dal I al IV secolo*, 172-173.

La sua discesa nella carne non inficia la sua natura divina, anzi tale discesa risponde alle aspettative del Padre, adempiendone la sua economia salvifica a favore del genere umano: *"Per noi venne nel mondo al fine di dare compimento alla perfetta economia e operare la nostra salvezza"*.[158]

L'incarnazione del Verbo è in funzione anti-amartiologica anche per Alessandro di Alessandria, settimo papa della chiesa copta: *"Alla fine dei tempi, per abolire il peccato, Egli, il Verbo, nacque dalla Vergine Maria, prendendo carne da lei, e si fece uomo"*.[159] Egli puntualizza che l'umanità del Verbo non ha deturpato l'entità divina del Verbo stesso:

Non temete assolutamente, se udite che fu uomo: perché, fattosi uomo, non si è con ciò diminuito in nulla, ma è Dio. Con la carne ci mostrava le proprietà della carne: infatti ebbe fame e sete, dormì, soffrì, pianse e morì; d'altra parte, con la divinità manifestò se stesso per quello che era, risuscitando Lazzaro (...), cambiando l'acqua in vino. Queste cose infatti non dimostravano già che era uomo, ma

---

[158] *Ibidem*

[159] ATANASIO, *Epistola alle vergini.* Ed. crit. L.TH. LEFORT (Ed.), *CSCO* 151, Louvain 1955, 73. Trad. di Aa.Vv., *Testi mariani del primo millennio,* 238.

ci insegnano che è Dio (…). La sua nascita però non rassomiglia a quella degli altri uomini, perché egli ha preso carne solo da una vergine (…).[160]

Come nel sabato protologico il Verbo è stato emesso dal Padre senza diminuire la divinità del Padre, allo stesso modo in quello soteriologico il Verbo prende carne da Maria senza ridurre la sua divinità.

Il Verbo si è incarnato per ripristinare l'immagine perduta che Dio aveva dato all'uomo ai primordi della creazione:

Ma dopo che l'invidia, tramite l'albero della scienza, percosse e contagiò tutta la nostra natura, divenuta fragile e colpita da condanna, il Verbo divino, per rintuzzare la superbia del nemico e per creare di nuovo l'immagine dell'uomo, che era stata deturpata, nacque per noi.[161]

L'umanità del Verbo ha una funzione riscattatrice, perché il Verbo offre la sua carne in riscatto dell'umanità perduta, generatasi da Adamo e perpetuatasi nella storia:

---

[160] *Ibidem*
[161] GREGORIO NAZIANZENO, *Poesie dommatiche* 10,13-55. Ed. crit. J.P. MIGNE, *PG* 37,466A-469A. Trad. di Aa.Vv., *Testi mariani del primo millennio,* 305.

Lo Spirito purificatore discese sulla Vergine e il Verbo si plasmò nel seno di lei una natura umana, che doveva essere totalmente offerta in riscatto per l'uomo intero che era morto.[162]

La discesa del Logos nella carne è finalizzata alla salvezza sia del corpo che dell'anima di ogni uomo:

Egli venne nella sua propria immagine e si addossò la carne per la salvezza della nostra carne; si congiunse con un'anima razionale per la salvezza della mia anima, purificando il simile con il simile.[163]

Come la carne del primo uomo fu plasmata da Dio e offerta poi all'uomo, parallelamente la carne del Verbo fu plasmata dal Verbo stesso nel seno di Maria, perché venisse offerta in favore di Adamo:

Fu maschio, perché venne offerto in favore di Adamo, e fu il più forte, immolato in favore di quel forte che per primo era caduto nel peccato. Ma soprattutto Egli non ha nulla di femmineo, nulla che

---

[162] GREGORIO NAZIANZENO, *Poesie dommatiche* 10,13-55. Ed. crit. J.P. MIGNE, *PG* 37,466A-469A. Trad. di Aa.Vv., *Testi mariani del primo millennio*, 306.
[163] *Ibidem*

non sia virile; perciò proruppe con forza dai vincoli verginali e materni e come maschio fu partorito dalla Profetessa, secondo il lieto annunzio di Isaia (Is 8,3).[164]

Come nel sabato protologico il Logos, generato da Dio Padre e non da madre, non ha nulla di femmineo ma ha in potenza tutto ciò che è virile, allo stesso modo il Verbo conserva tutta la sua virilità che è proprio di un maschio e non prende nulla di femmineo durante l'annidamento nel corpo di Maria, pur rimanendo intatta la sua virilità che dalla potenza è passata all'atto prendendo carne nel corpo di Maria. Pur non avendo un padre terreno egli è virile in tutto e per tutto; virilità che si rende concreta nell'umanità che il Verbo ha plasmato da se stesso nel seno di Maria.

Il Verbo con la sua umanità ripristina l'economia della condivisione e della condiscendenza, vissuta dal Padre e dal Figlio nel sabato protologico, perché, accollandosi l'umanità del primo uomo e di tutta l'umanità che era caduta nella disobbedienza, volle rendere questa umanità buona, docile e

---

[164] GREGORIO NAZIANZENO, *Discorsi* 45,13. Ed. crit. J.P. MIGNE, *PG* 36,640B-641A. Trad. di Aa.Vv., *Testi mariani del primo millennio*, 308.

116

votata a Dio, alla stessa stregua del Logos che nel sabato protologico era interamente votato a Dio:

> Il nuovo mistero si presentò come un'economia di bontà in favore di colui che era caduto a causa della disobbedienza. Per questo ci fu la generazione; per questo ci furono la vergine, il presepe e Betlemme. Ci fu la generazione in seguito alla creazione (Gn 2,7), la Vergine in seguito alla donna, Betlemme in seguito all'Eden, il presepe in seguito al paradiso, le cose piccole e visibili in conseguenza di quelle grandi e lontane dagli occhi.[165]

Di nuovo Gregorio Nazianzeno sottolinea che la nascita del Verbo è avvenuta per un motivo ben preciso, cioè per la salvezza dell'uomo:

> Ma più tardi è nato per un motivo ben preciso, vale a dire perché tu, o uomo insolente, fossi salvato: tu che disprezzi la divinità perché ha preso la tua grossezza, allorché si è unito alla carne tramite una mente e l'uomo di quaggiù è divenuto Dio. Essendosi congiunto con Dio, è diventato uno con lui dal momento che la parte superiore prevale sempre, a tal

---

[165] *Ibidem*

punto che l'uomo è diventato Dio come Dio si è fatto uomo. Egli è nato; ma prima è stato generato; è nato da una donna, ma questa era vergine. Colui che è nato, è umano; colui che è generato è divino. Nella sua natura umana non ha padre; nella sua natura divina non ha madre. Ma queste due condizioni appartengono soltanto alla divinità.[166]

L'evento salvifico del Verbo incarnato consiste nell'aver slegato il primo uomo dalle catene della morte, dando a lui di nuovo la libertà:

> Fu lui che trasse dal più profondo dell'Ade il primo uomo formato dalla terra, caduto e tenuto nelle catene della morte; che discese dall'alto e sollevò alle altezze l'uomo che giaceva nel basso; che divenne l'evangelizzatore dei morti, il redentore delle anime e la risurrezione dei sepolti: fu questi che dell'uomo vinto divenne l'aiuto, fattosi a lui simile, il Verbo primogenito, che nella Vergine visitò il protoplasto

---

[166] GREGORIO NAZIANZENO, *Discorsi* 29,19. Ed. crit. P. GALLAY, *Grégoire de Nazianze. Discours 27-31 (Discours théologiques)*, Paris 1978, 216-218. Trad. di Aa.Vv., *Testi mariani del primo millennio*, 309. Cfr. anche GREGORIO NAZIANZENO, *Lettera 101, a Cledonio*. Ed. crit. P. GALLAY, *Grégoire de Nazianze. Lettres théologiques*, Paris 1974, 40-44. Vedi anche GREGORIO NAZIANZENO, *Poesie dommatiche* 9,42-69. Ed. crit. J.P. MIGNE, *PG* 37,460A-462A.

Adamo: spirituale, andò in cerca nel seno (di Maria) del carnale, il sempre vivente, di colui che era morto per la disubbidienza; celeste, chiamò al cielo il terrestre; nobile, volle ridare la libertà a colui che era schiavo, con la propria ubbidienza.[167]

Sempre Ippolito Romano puntualizza che il Verbo, prendendo la carne pura di Maria, ha avuto il potere di far risorgere e di assumere su di sé l'umanità, scivolata nell'oblio della morte:

il Verbo di Dio incarnato, passò bellamente per il seno della Vergine, per rifare la creazione di Adamo. Passò nel mondo, divenuto araldo della verità; passò nell'Ade, volendo sciogliere dai vincoli le anime dei carcerati; oltrepassò le porte dei cieli, diventando per tutti la primizia della risurrezione e dell'assunzione.[168]

In forza della sua generazione divina avvenuta nel sabato protologico, il Verbo ha il potere di oltrepassare le porte

---

[167] IPPOLITO ROMANO, *Commento al Cantico dei Cantici frammento*. Ed. crit. H. ACHELIS, *GCS* I,1, Leipzig 1897, 83. Trad. di Aa.Vv., *Testi mariani del primo millennio,* 190-191.

[168] IPPOLITO ROMANO, *sui Proverbi, frammento* 54. Ed. crit. H. ACHELIS, *GCS* I,1, Leipzig 1897, 177-178. Trad. di Aa.Vv., *Testi mariani del primo millennio,* 192.

dell'Ade e di tutto ciò che è terreno e celeste perché mediatore della creazione; mansione che egli ha custodito nel sabato soteriologico con la sua nascita carnale dal seno di Maria.

2.3. *La nascita del Verbo in funzione della purezza*

Il Verbo durante la sua nascita rese puro il grembo di Maria e, a seguito della sua nascita, lo mantenne come tale:

> che cioè il Verbo si sarebbe fatto carne e il Figlio di Dio figlio dell'uomo (Puro che, in modo puro, avrebbe aperto quel puro grembo che rigenera gli uomini in Dio: grembo ch'egli stesso rese puro).[169]

Per Ireneo la purezza del Logos rese puro il grembo di Maria. Il Verbo non poteva che annidarsi in un grembo puro e che al contempo rese puro. Il grembo di Maria fin dall'inizio dell'annidamento del Logos era puro e lo mantenne puro durante il periodo della gestazione del Logos e oltre il parto, per l'azione del Logos che la rese tale.

La discesa del Verbo nella carne non è finalizzata solo a rendere Maria pura, ma anche a rendere la sua discendenza pura

---

[169] IRENEO DI LIONE, *contro le eresie* IV,33,11. Ed. crit. A. ROUSSEAU -B. HEMMERDINGER-L. DOUTRELEAU-Ch. MERCIER, *Irénée de Lyon. Contre les hérésies*, Paris 1965, 830. Trad. di Aa.Vv., *Testi mariani del primo millennio,* 173.

come le stelle del cielo; discendenza costituita da coloro che hanno fede in lui:

> Cristo adempì la promessa nascendo dalla vergine della stirpe di Abramo, facendo luci del mondo i credenti in lui e giustificando i gentili con Abramo per mezzo della stessa fede. «Abramo infatti credette a Dio e ciò gli è accreditato come giustizia» (Gn 15,6).

La purezza dei credenti è susseguente alla loro fede in Cristo, parallelamente al Logos che, nel sabato protologico, si rese puro grazie alla fede e alla piena condiscendenza che egli aveva nei confronti del Padre. La purezza vissuta dal Verbo nel sabato protologico ha come immediato effetto nella umanità del Verbo il rigettare il male per scegliere il bene: *"Prima ancora che questo bambino conosca il bene o il male, rigetterà il male per scegliere il bene"* (Is 7,14-16). Solo il Logos che ha vissuto in purezza fin dall'eternità si predispone al bene, ancora prima di conoscerlo.

Durante la gestazione il Verbo non ha contratto contaminazione dalla carne di Maria, anzi purificò la carne di Maria: *"Così Dio, nascendo da una madre pura, non rimase contaminato dal suo seno, ma purificò il seno stesso*".[170] La modalità di trasmissione è la medesima: come nel sabato protologico il Verbo emesso dalla bocca del Padre non rimase contaminato da Dio Padre, in quanto il Padre è un essere divino eternamente puro che rese puro anche il Figlio, allo stesso modo il Verbo nato da Maria non poteva contaminarsi dal suo seno perché solo ciò che è puro come il Verbo può uscire da un seno puro come quello di Maria.

Gregorio esprime tale concetto avvalendosi della metafora del raggio del sole e dell'unguento: come il raggio del sole porta la luce e l'unguento profumo, allo stesso modo il Logos, penetrando nel grembo di Maria, porta purezza senza che il logos diminuisca la propria purezza, come il raggio e l'unguento non rimangono contaminati:

> dove il raggio di sole arriva, porta la luce; e le cose
> che sono raggiunte dalla fragranza di un ottimo
> unguento, profumano immediatamente. Ma né il sole
> né l'unguento rimangono contaminati.[171]

---

[170] GREGORIO NAZIANZENO, *Poesie che si rivolgono ad altri* 7,209-230. Ed. crit. J.P. MIGNE, *PG* 37,1567A-1569A. Trad. di Aa.Vv., *Testi mariani del primo millennio*, 313.
[171] *Ibidem*

Anche Origene nel contro Celso si contrappone alla dottrina di Celso, secondo il quale i raggi del sole si contaminano quando giungono sulle cose putride, perdendo parte della loro purezza:

Se Dio voleva inviare il suo Spirito, che bisogno c'era di spirarlo nel seno di una donna? Poteva infatti, pratico com'era nel plasmare uomini, modellargli un corpo senza gettare il suo Spirito in una tale lordura: e in tal modo chi non gli avrebbe creduto, se fosse stato immediatamente formato dall'alto?». Celso disse ciò perché ignorava quanto verginale, pura e non tocca da corruzione sia stata la generazione di quel corpo, che doveva servire alla salvezza dell'umanità. Egli pensa – proprio lui, che riporta le dottrine stoiche e dissimula di averne appreso le nozioni su diversi argomenti – che la natura divina venga gettata in una sentina e si inquini, tanto se rimane in un corpo di donna finché le venga formato il corpo, quanto se assume un corpo. In ciò è simile a quelli che pensano che i

raggi del sole si insozzino passando sulla melma e
sui corpi putridi, e non che restino puri anche lì.[172]

2.4. *La nascita del Verbo in funzione della eternità della discendenza.*

L'incarnazione del Verbo è finalizzata a ingigantire sempre di più la sua discendenza. Egli con la sua nascita erige una discendenza fondata sulla fede; discendenza che aumenterà nel tempo e che non conoscerà fine perché proveniente dal Logos che è eterno:

> Mantenne le promesse fatte a Davide; gli aveva infatti promesso di far sorgere dal frutto del suo ventre un re eterno, il cui regno non sarebbe tramontato (cf. 2Sam 7,12-13). Questo re è il Cristo, il Figlio di Dio divenuto figlio dell'uomo, cioè nato, come frutto, dalla Vergine di discendenza davidica (…) frutto che deve essere re eterno sulla casa di Davide e il cui regno non tramonterà (cf. Lc 1,32-33).[173]

---

[172] ORIGENE, *contro Celso* 6,73. Ed. crit. M. BORRET, *Origène. Contre Celse*, Paris 1969, 362. Trad. di Aa.Vv., *Testi mariani del primo millennio*, 205-206.
[173] IRENEO DI LIONE, *Dimostrazione della predicazione apostolica* 36. Ed. crit. A. ROUSSEAU, *Irénée de Lyon. Démonstration de la prédication*

L'incarnazione di Gesù, tramite la nascita di Maria, perpetua anche uno stile di vita vissuta all'insegna della verginità del Logos e di Maria. La verginità di Maria è il baluardo contro cui si infrange la morte:

Al tempo della madre di Dio Maria, infatti, la morte, che aveva regnato da Adamo fino a lei, dopo essere giunta in contatto con lei ed essersi scagliata contro il frutto della verginità, si trovò come di fronte ad una roccia e si frantumò contro di lei. Alla stessa maniera, in ogni anima che attraversa questa vita corporale mettendosi sotto la protezione della verginità, la forza della morte è in qualche modo spezzata e annientata, perché non trova appigli sui quali fissare i suoi aculei.[174]

Nel *contro le eresie* Ireneo puntualizza che i giusti, dopo la risurrezione, riceveranno nel futuro mondo rinnovato l'eredità promessa da Dio ai Padri:

a questo proposito è necessario dire che i giusti, dopo essere risuscitati in seguito alla manifestazione

---

apostolique, 134. Trad. di E. PERETTO, *Ireneo di Lione. Epideixis, antico catechismo degli adulti*, 122-123.

[174] GREGORIO NISSENO, *sulla verginità* 13. Ed. crit. W. JAEGER, *Gregorii Nysseni. Opera ascetica*, vol. 8,1, Leiden 1963, 306-307. Trad. di Aa.Vv., *Testi mariani del primo millennio*, 322.

del Signore, dapprima qui, in questo mondo rinnovato, riceveranno l'eredità promessa da Dio ai padri e regneranno in esso; e poi ci sarà il giudizio.[175]

Ireneo ci rende noto che quanti hanno vissuto l'amore di Dio riceveranno già in questo mondo rinnovato la giusta mercede, perché Dio dà loro quanto prima non avevano ricevuto:

E' giusto infatti che in questo stesso mondo nel quale soffrirono e furono provati in ogni modo attraverso la sopportazione, essi raccolgano il frutto della sopportazione; che in questo stesso mondo nel quale furono uccisi per amore verso Dio, siano vivificati, e che in questo stesso mondo nel quale subirono la schiavitù, siano essi a regnare. Dio infatti è ricco in tutte le cose e tutte le cose sono sue. Bisogna dunque che il mondo stesso, ricondotto alla sua condizione originaria, serva i giusti senza alcun ostacolo.[176]

Una generazione di vergini prende sempre più piede tra i credenti in Cristo. In particolare Gregorio Nazianzeno erige la verginità di Maria a modello di santificazione per tutte le donne

[175] IRENEO DI LIONE, *contro le eresie* V,32,1. Ed. crit. e trad. di ORBE, *Il Cristo. Testi teologici e spirituali,* 176-177.
[176] *Ibidem*

126

che rigettano lo stile di vita di Eva e seguono quello verginale di Maria, immune dai legami carnali. Nella verginità di Maria rifulge quella di Cristo, il primogenito delle creature per eccellenza, tutto dedito al Padre sia nel corpo che nello spirito.

Sotto questo profilo la verginità viene annoverata superiore al matrimonio e agli affetti mondani:

> Ma dopo che il Cristo nacque da una madre casta e vergine, non vincolata da legami carnali e simile a Dio (era infatti necessario che Cristo venisse senza relazioni matrimoniali e senza padre) la verginità incominciò a santificare le donne e a respingere l'amara Eva. Rimosse le leggi della carne e, grazie alla predicazione del vangelo, la lettera cedette allo spirito e la grazia subentrò. Allora la verginità rifulse chiara ai mortali; apparve libera dal mondo e liberatrice del mondo impotente. Essa è tanto superiore al matrimonio e ai condizionamenti della vita, quanto l'anima è superiore alla carne e quanto il cielo immenso supera la terra.[177]

---

[177] GREGORIO NAZIANZENO, *Poesie morali* 1,189-208. Ed. crit. *PG* 37,537 A – 538 A. Trad. di Aa.Vv., *Testi mariani del primo millennio,* 314.

Proprio perché Maria proviene dal casato di Davide, la sua verginità, e al contempo quella di Cristo, è al fondamento della stessa eternità del casato di Davide. In particolar modo Cirillo di Gerusalemme, citando Sal 88,36-38, testimonia che che Dio promise a Davide una discendenza eterna grazie alla nascita verginale di Cristo, indice di indiscussa regalità su tutta l'ecumene, e di speranza per tutte le genti:

«Sulla mia santità ho giurato una volta per sempre: certo non mentirò a Davide. In eterno durerà la sua discendenza, il suo trono davanti a me quanto il sole, sempre saldo come la luna, testimone fedele nel cielo» (Sal 88,36-38). Considera che la promessa riguarda Cristo (...) E Gabriele chiaramente ne dà testimonianza dicendo a Maria: «Il Signore Dio gli darà il trono di Davide suo padre» (Lc 1,32); ..... Accogli dunque Colui che è nato da Davide, persuaso della profezia che dice: «In quel giorno sarà stabile la radice di Jesse e colui che sorgerà a reggere i popoli: in lui spereranno le genti» (Is 11,10) (...). La santa Vergine era dunque della casa di Davide.[178]

---

[178] CIRILLO DI GERUSALEMME, *Catechesi* 12,23-24. Ed. crit. W.C. REISCHL-J. RUPP, *Cyrilli hierosolymarum archiepiscopi opera quae supersunt omnia*, vol. II, 32-34. Trad. di Aa.Vv., *Testi mariani del primo*

2.5. *La nascita del Logos in funzione dell'elevatezza umana*

Il Logos si è unito con la carne di Maria perché il corpo mortale in cui era sprofondata l'umanità venisse unito alla sua potenza, al fine di salvare il perduto:

Infatti il Verbo di Dio che era senza carne rivestì la santa carne dalla santa Vergine e – a guisa di sposo – se la intessè come una veste sul patibolo della croce, per salvare l'uomo che era perduto coll'unire alla sua potenza il nostro corpo mortale.[179]

L'unione del Logos col corpo di Maria comportò come suo effetto l'unione del corruttibile con l'incorruttibile: "*ed associare il corruttibile all'incorruttibile, il debole al forte*".[180]

Come nel sabato protologico la generazione del Logos è finalizzata alla plasmazione della materia e quindi col formare le creature per renderle vive, allo stesso modo nel sabato soteriologico il Verbo nasce da Maria per plasmare la sua carne da quella di Maria e per ridare una nuova vita all'uomo perduto.

Il concepimento del Verbo è stato anche avvertito dal Battista che, fin dal grembo di sua madre, lo contemplava:

---

millennio, pp. 360-361.
[179] IPPOLITO ROMANO, *su Cristo e l'Anticristo* 4. Ed. crit. H. ACHELIS, GCS I,2,6-7. Trad. di Aa.Vv., *Testi mariani del primo millennio,* 183.
[180] *Ibidem*

Egli, avendo udito il saluto di Maria, balzò esultando nel seno della madre, al contemplare il Verbo di Dio concepito nel seno della Vergine.[181]

Come nel sabato protologico la generazione del logos è in funzione della creazione di tutto quanto è nel mondo, allo stesso modo in quello soteriologico la nascita del Verbo è in funzione di una nuova creazione:

Sappiamo che egli assunse il corpo dalla Vergine, che rivestì il vecchio uomo mediante una nuova creazione, che passò attraverso ogni età della vita, per diventare norma ad ogni età (…). Sappiamo che quest'uomo è nato da una pasta come la nostra: se infatti non fosse stato della medesima pasta, invano avrebbe dato legge di imitare il maestro.[182]

A partire da tale quadro l'incarnazione ricapitola ogni età dell'uomo: egli assunse il corpo della vergine che rivestì l'uomo vecchio di una nuova creazione.

---

[181] IPPOLITO ROMANO, *su Cristo e l'Anticristo* 44-45. Ed. crit. H. ACHELIS, *GCS* I,2,28-29. Trad. di Aa.Vv., *Testi mariani del primo millennio,* 184.

[182] IPPOLITO ROMANO, *Confutazione di tutte le eresie* 10,33. Ed. crit. P. WENDLAND, *GCS* 26, Leipzig 1916, 290-292. Trad. di Aa.Vv., *Testi mariani del primo millennio,* 184.

Ciò ci fa intuire che il Verbo si è incarnato per comunicare con Dio e quindi per deificarci:

> Ma quando venne la pienezza dei tempi, Dio mandò il suo Figlio, nato da donna. Così, avendo rivestito l'uomo (nato) dalla vergine, apparve come figlio di Dio e figlio dell'uomo (…). Bisognava invero che al momento della parusia del Signore le cose di lassù venissero quaggiù, affinché le cose di quaggiù potessero ascendere verso le cose di lassù.[183]

Similmente si esprime Atanasio alessandrino, vescovo e dottore della Chiesa, secondo il quale il Verbo discese in Maria per assumere su di lui la nostra errante ed erronea condizione umana, al fine di deificarci:

> Infatti divenne uomo affinché ci deificasse in sé; fu fatto da donna e fu generato dalla vergine, per trasferire in sé l'errante nostra nascita.[184]

Il Logos si fece uomo perché ci deificasse in sé e fu generato dalla vergine per trasferire in sé l'errante nostra nascita.

---

[183] IPPOLITO ROMANO, *Commento su Daniele* 4,39. Ed. crit. H. ACHELIS, *GCS* I,1,286-288. Trad. di Aa.Vv., *Testi mariani del primo millennio,* 190.

[184] ATANASIO ALESSANDRINO, *Lettera ad Adelfio* 4. Ed. crit. R.W. THOMSON, *CSCO* 272, Louvain 1966, 42-51. Trad. di Aa.Vv., *Testi mariani del primo millennio,* 278.

Si può notare che l'incarnazione del Verbo è in funzione anagogica: il Verbo si è incarnato perché l'uomo potesse ascendere verso Dio e creare quella circolarità comunicativa tra Dio e le creature, sull'orma di quella circolarità di eterna condiscendenza che sussisteva tra Padre e Figlio nel sabato protologico.

A partire da tale quadro l'umanità di Cristo diviene primizia della nostra ascensione al cielo in quanto nel sabato protologico egli era primogenito delle creature, perché generato prima di tutte le creature terrestri e angeliche:

> Il Padre, sottomettendo al suo proprio Figlio tutto ciò che è nei cieli, sulla terra e sotto la terra, ha pienamente dimostrato in tutto ch'egli è il primogenito fra tutti: primogenito da Dio, affinché sia evidente ch'egli è il figlio di Dio, secondo dopo il Padre; primogenito prima degli angeli, perché sia manifesto che è Signore pure degli angeli; primogenito da una vergine, per mostrare che ha ricreato in se stesso il protoplasto Adamo; primogenito dai morti, per diventare Egli stesso primizia della nostra risurrezione.[185]

---

[185] IPPOLITO ROMANO, *Commento su Daniele* 4,11. Ed. crit. H.

Il Verbo ha preso carne da Maria per rendere santa la carne dell'umanità, votata verso il baratro della morte:

> Apprendi dunque che Dio è nella carne, perché bisognava che fosse santificata questa carne, già maledetta; che fosse corroborata questa carne infiacchita; che fosse ricondotta all'amicizia con Dio questa carne a lui nemica e venisse riportata in cielo la carne che dal paradiso era caduta. E qual è l'officina di questa economia? Il corpo di una santa vergine. E quali i principi attivi di questa generazione? Lo Spirito Santo e la potenza adombrante dell'Altissimo.[186]

La santificazione della carne e dello spirito nell'uomo è stata possibile grazie all'azione del Logos, che si è congiunto a questi due elementi costituenti la natura umana:

> l'uno e l'altro di questi elementi sono sottoposti alla morte a causa della disobbedienza: per l'anima la morte consiste nella separazione dalla vera vita; per il corpo è la corruzione e la dissoluzione. Pertanto la

---

ACHELIS, *GCS* I,1,212-214. Trad. di Aa.Vv., *Testi mariani del primo millennio,* 189.

[186] BASILIO MAGNO, *Omelia sulla santa generazione di Cristo* 2-3. Ed. crit. J.P. MIGNE, *PG* 31,1461B-1464. Trad. di Aa.Vv., *Testi mariani del primo millennio,* 296.

morte doveva essere espulsa mediante la ricongiunzione di questi due elementi con la vita. Siccome dunque la divinità si unì ad entrambi gli elementi dell'uomo, in ambedue si manifestarono segni notevoli di una natura superiore.[187]

Secondo Anfilochio di Iconio, amico stretto dei grandi Cappadoci, il Verbo ha scelto il nostro corpo mortale, gravato da numerose malattie, per guarirlo e per renderlo più salutare di quanto lo era nella condizione precedente, cioè prima della discesa del Verbo nel grembo di Maria:

O Maria, o Maria, che hai avuto come primogenito il creatore di tutte le cose! (…) Cristo infatti non ha voluto rivestirsi della forma degli arcangeli (Eb 2,16), né della forma delle figure immateriali dei principati, delle virtù e delle potestà; ma per te ha rivestito la tua forma decaduta e divenuta simile a quella degli animali bruti (Sal 48,3) (…). Quella natura invece che era gravata da numerose malattie, ottenne un così grande medico, che, dopo essere stata

---

[187] GREGORIO NISSENO, *Omelia I sulla Risurrezione*. Ed. crit. W. JAEGER, *Gregorii Nysseni Sermones*, vol IX, Leiden 1967, 291-292. Trad. di Aa.Vv., *Testi mariani del primo millennio*, 326.

134

guarita dal proprio malanno, recuperò uno stato di salute ancora migliore di quando era sana.[188]

Sotto questo profilo l'incarnazione del Verbo acquista qui un significato terapeutico. Il Verbo ha la funzione di medico sull'essere dell'uomo, votato ai malanni e ad ogni sorta di calamità di ordine naturale.

Ciò avvenne perché il Verbo nacque da una vergine, la cui verginità proprio nel matrimonio era tesa a consacrarsi al Signore:

> Una vergine, ma data in sposa ad un uomo, fu giudicata idonea al ministero di questa economia, affinché fosse onorata la verginità e non fosse disprezzato il matrimonio. La verginità infatti fu scelta come atta alla santificazione.[189]

Il fine di Maria non era quello di andare a vivere con Giuseppe, ma di compiere la volontà di Dio. Per questo motivo la sua verginità era volta a separarsi dai rapporti maritali con Giuseppe, pur provando amore per lui:

> Quantunque la reputasse sua sposa quanto a disposizione d'animo, amore e ogni sollecitudine che

---

[188] ANFILOCHIO DI ICONIO, *Omelia sulla natività* 4. Ed. crit. J.P. MIGNE, *PG* 39,40D-41B. Trad. di Aa.Vv., *Testi mariani del primo millennio,* 334-335.
[189] *Ibidem*

si conviene a coloro che vivono insieme, tuttavia si astenne da ogni rapporto maritale". «Infatti non la conobbe – finché non partorì il Figlio suo primogenito» (Mt 1,25).[190]

La verginità di Maria ebbe due effetti:

–   la sua perenne santificazione, perché anche dopo che nacque Cristo ella si mantenne vergine:

E per quanto riguarda quel «non la conobbe finché non partorì il Figlio suo», il «finché», in molti passi, sembra indicare un tempo definito, ma in realtà designa un tempo indefinito, come è il caso di ciò che disse il Signore: «Ecco io sono con voi tutti i giorni, fino alla fine del mondo» (Mt 28,20). Infatti il Signore non cesserà di essere con i santi dopo questo mondo; ma la promessa del presente non è un'interruzione per il futuro. Allo stesso modo diciamo che qui è usato «finché».[191]

---

[190] BASILIO MAGNO, *Omelia sulla santa generazione di Cristo* 5. Ed. crit. J.P. MIGNE, *PG* 31,1468A-1469A. Trad. di Aa.Vv., *Testi mariani del primo millennio*, 298.

[191] BASILIO MAGNO, *Omelia sulla santa generazione di Cristo* 5. Ed. crit. J.P. MIGNE, *PG* 31,1468A-1469A. Trad. di Aa.Vv., *Testi mariani del primo millennio*, 299.

La verginità di Maria e la sua permanente santificazione a Dio rispecchia la eterna verginità del Logos perché nel sabato protologico la sua verginità era tutta dedicata al Padre. Egli era interamente proteso verso il Padre, per questo è stato unto prima dei secoli per essere consacrato al Signore totalmente. La verginità di Maria, secondo Gregorio Nisseno, è un richiamo per tutti alla castità cristiana:

> Per questo infatti credo che lo stesso nostro Signore Gesù Cristo, fonte dell'incorruttibilità, non sia venuto al mondo tramite l'unione matrimoniale. Attraverso il modo con cui avvenne la sua incarnazione, Egli intendeva manifestare questo grande mistero: solo la castità è idonea a mostrare la presenza e la venuta di Dio. D'altra parte nessuno è capace di realizzare perfettamente la castità, se non colui che si allontana totalmente dagli effetti della carne. Ciò che infatti avvenne corporalmente nell'immacolata Maria, quando cioè la pienezza della divinità risplendette nel Cristo per mezzo di lei, avviene ugualmente in ogni anima che vive una vita verginale secondo la ragione. Infatti, anche se il Signore non verrà più nell'anima vergine in forma

corporea, giacché, come dice l'Apostolo, ormai non conosciamo più il Cristo secondo la carne (2Cor 5,16), verrà ugualmente nello spirito e condurrà con sé il Padre, come afferma in qualche passo il vangelo (Gv 14,23).[192]

Si evince che, sull'orma della verginità di Maria, ogni uomo possa divenire vergine, allontanandosi dalle passioni della carne per seguire la vita dello spirito.

   −   la nascita del primogenito, intendendo per primogenito *"colui che per primo apre il grembo materno (cf. Es 13,11)"*.[193] Come nel sabato protologico il Verbo ha aperto la bocca del Padre, proferendolo come primogenito della creazione, allo stesso modo il Verbo ha aperto il grembo di Maria per essere il primogenito di coloro che hanno una fede irreprensibile in Dio Padre. Egli fonda la generazione dei credenti in Dio, perché fu il primo che, nell'anima e nel corpo, fu interamente votato a rendere feconda la sua verginità nel mondo.

---

[192] GREGORIO NISSENO, *sulla verginità* 2. Ed. crit. W. JAEGER, *Gregorii Nysseni. Opera ascetica*, 254-255. Trad. di Aa.Vv., *Testi mariani del primo millennio*, 322.

[193] BASILIO MAGNO, *Omelia sulla santa generazione di Cristo* 5. Ed. crit. JP. MIGNE, *PG* 31,1468A-1469A. Trad. di Aa.Vv., *Testi mariani del primo millennio*, 299.

138

Secondo Ireneo di Lione Il Verbo è nato come primogenito *"per diventare uomo al fine di manifestare la risurrezione della carne"*.[194] Egli detiene il primato su tutte le cose, e quindi sulla stessa morte perché interamente vergine, cioè votato a compiere la volontà del Padre. Allo stesso modo nel sabato protologico Dio lo ha emesso primogenito della creazione, perché a lui ha conferito lo scettro della sua supremazia su tutte le cose del cielo e su quelle della terra:

> come «primogenito del pensiero del Padre», il Verbo perfetto dirige personalmente ogni cosa e legifera sulla terra; come «primogenito della vergine», uomo giusto e santo, servo di Dio, buono, accetto a Dio, perfetto in tutto, libera dagli inferi tutti coloro che lo seguono.[195]

---

[194] IRENEO DI LIONE, *Dimostrazione della predicazione apostolica* 39-40. Ed. crit. A. ROUSSEAU, *Irénée de Lyon. Démonstration de la prédication apostolique*, 136-138. Trad. di E. PERETTO, *Ireneo di Lione. Epideixis, antico catechismo degli adulti*, 126-128.
[195] *Ibidem*

2.6. *Integrità dello Spirito, di Maria e del Logos*

Nel *contro Eunomio* Gregorio Nisseno delinea i seguenti motivi per cui Maria e lo Spirito, i protagonisti principali della gestazione materna, sono rimasti intatti nelle loro entità:

• per mancanza della sofferenza: *"il bambino ci è nato per opera dello Spirito Santo, e né la vergine sofferse alcunché"*.[196] Gregorio puntualizza che durante e dopo la gestazione materna del Verbo Maria è stata esente dal dolore, movente principale per coloro che hanno contratto piacere durante il coito maritale. Ad ogni piacere, provato durante l'accoppiamento, ne sussegue inevitabilmente la sofferenza:

> Siccome infatti ogni piacere è inevitabilmente congiunto con qualche dolore, trattandosi di cose così unite, è necessario che dove uno dei due elementi manca, anche l'altro sia assente.[197]

Non fu così per Maria perché ella si trovò incinta per opera dello Spirito; per questo motivo ella non provò nessuna sofferenza durante e dopo la gestazione. Le cose che si dividono

---

[196] GREGORIO NISSENO, *contro Eunomio* 2. Ed. crit. W. JAEGER, *Gregorii Nysseni Opera, contra Eunomium libri*, vol. II, Leiden 1960, 335. Trad. di Aa.Vv., *Testi mariani del primo millennio*, 326.
[197] GREGORIO NISSENO, *Omelia I sulla risurrezione*. Ed. crit. W. JAEGER, *Gregorii Nysseni Sermones*, vol. IX, 274-276. Trad. di Aa.Vv., *Testi mariani del primo millennio*, 327.

e che si strappano procurano dolore, ma Maria rimase intatta, perchè il Logos in lei non si è diviso né tanto meno ha strappato parte della carne di sua madre, ma in maniera soave ha plasmato una porzione del corpo di sua madre. Come nel sabato protologico il Logos uscito dal Padre non ha procurato nel Padre sofferenza perché non ha strappato, né ha diviso l'essere del Padre, allo stesso modo nel sabato soteriologico Maria non ha sentito alcun dolore, perché egli si formò nel suo seno senza che strappò alcuna delle sue membra e senza che divise niente nel suo grembo.

Non essendovi alcun concorso umano nella generazione del Verbo, Maria restò intatta, alla pari di Dio Padre, la cui entità non è stata per niente sminuita. Maria rimase vergine pur essendo madre, perché il Logos, uscendo dal suo grembo non ha tolto niente della sua corporea integrità, in quanto ciò che è uscito da lei proviene dalla volontà di Dio e non dalla volontà di uomo.

• per mancanza di decremento da parte dello Spirito. Lo Spirito Santo durante il concepimento di Maria non subì alcuna diminuzione nel suo essere, anzi rimase intatta la sua entità: *"nè lo Spirito subì alcuna diminuzione (...). Infatti lo Spirito si mantenne intero*".[198] Lo Spirito non perse parte della sua integrità ontica durante la gravidanza di Maria, ma rimase immutato nella sua entità.

• per mancanza di scissione da parte della potenza dell'Altissimo: *"né la potenza dell'Altissimo rimase divisa (...) la potenza dell'Altissimo rimase pure inalterata"*.[199]

Più tardi Epifanio di Salamina sottolinea che, quando il Verbo discese su Maria, egli, sebbene si sia rivestito della carne di Maria, non subì nessuna mutazione nella sua natura divina. Essa rimase intatta e a questa unì quella umana:

Rivestitosi della carne, «il Verbo si è fatto carne»
(Gv 1,14), senza mutazioni nella sua natura, bensì
unendo alla divinità una natura umana.[200]

Sempre Epifanio precisa che il Logos, venendo nella carne, non modificò la propria natura divina, né tanto meno permutò la divinità con l'umanità, ma ha unito alla divinità la sua vera umanità:

---

[198] GREGORIO NISSENO, *contro Eunomio* 2. Ed. crit. W. JAEGER, *Gregorii Nysseni Opera, contra Eunomium libri*, vol. II, 335. Trad. di Aa.Vv., *Testi mariani del primo millennio*, 326.
[199] *Ibidem*
[200] EPIFANIO DI SALAMINA, *L'ancora della fede* 75. Ed. crit. K. HOLL, *GCS* 25,94-95. Trad. di Aa.Vv., *Testi mariani del primo millennio*, 378.

Tuttavia nel farsi uomo Egli non mutò la propria natura né scambiò la divinità con l'umanità; bensì alla pienezza della divinità, che gli era propria, e alla sua ipostasi di Verbo divino per natura, Egli unì l'esistenza umana.[201]

Come nel sabato protologico il Logos non perse parte di se stesso quando venne emesso dal seno del Padre, allo stesso modo il Verbo durante il concepimento nel grembo di Maria non subì alcun processo di divisione, come invece avvenne per tutti gli altri figli nati da donna, per i quali vige la legge della divisione meiotica, perché egli rimase inalterato nella sua entità ontica. Il Verbo non subì alcuna trasformazione nel suo essere, ma egli conservò intatte le sue proprietà e peculiarità ontologiche.

Più in particolare Epifanio mostra che la divinità del Verbo quando si fece carne non subì alcun mutamento e né ha lasciato la propria entità divina per trasformarsi in quella umana, ma egli le ha unite:

Infatti «il Verbo si è fatto carne» (Gv 1,14) senza sottoporsi ad alcun mutamento e senza che la sua

---

[201] EPIFANIO DI SALAMINA, *L'ancora della fede* 75. Ed. crit. K. HOLL, *GCS* 25,94-95. Trad. di Aa.Vv., *Testi mariani del primo millennio,* 379.

divinità si convertisse nell'umanità. Al contrario Egli ha unito intimamente la sua santa e perfetta natura umana con la sua divinità, cosicché Gesù Cristo è un solo Signore e non due.[202]

La nascita del Verbo non deriva dal seme virile, conseguentemente non esiste né trasformazione né mutazione nel suo essere divino quando prende carne da Maria, come invece avviene per il seme virile che quando feconda l'ovulo si trasforma e muta la sua identità, formandosi la mora. Nemmeno venne ad abitare in un uomo come quando egli aveva ispirato i profeti, ma prese carne da Maria rendendola santa e unendola al suo essere divino:

> Non nacque da seme virile né abitò, per così dire, in
> un uomo, ma, dopo essersi plasmato una carne, Egli
> la elevò a sé in una santa unità. Non avvenne tuttavia
> come quando Egli si era unito ai profeti da lui
> ispirati, parlando ed operando in essi, ma è divenuto
> egli stesso un uomo perfetto.[203]

In particolare Basilio, con la metafora del fuoco che riscalda il ferro, vuole far notare che il Verbo, alla maniera del

---

[202] EPIFANIO DI SALAMINA, *L'ancora della fede* 120. Ed. crit. K. HOLL, *GCS* 25,148. Trad. di Aa.Vv., *Testi mariani del primo millennio*, 382.
[203] *Ibidem*

fuoco che entra nel ferro, penetra in Maria senza che ciò avviene per trasferimento, ma solo per comunicazione:

In quale modo la divinità risiede nella carne? Come il fuoco nel ferro: non per trasferimento, ma per comunicazione. Il fuoco non esce infatti dalla sua sede per recarsi nel ferro, ma, restando al suo posto, gli comunica la propria potenza: esso non viene diminuito da questa comunicazione, sebbene riempia completamente di sé quello che l'accoglie. In maniera affine anche il Verbo divino non si mosse da se stesso e tuttavia abitò tra noi, non fu sottoposto a mutamento e tuttavia il Verbo si fece carne, (…). Non pensare ad una caduta della divinità: non si trasferisce da un luogo ad un altro come i corpi, e non immaginarti neppure che essa si sia cambiata trasformandosi in carne: infatti ciò che è immortale è anche immutabile.[204]

La venuta del Logos viene paragonata da Basilio col fuoco e col ferro: come il fuoco comunica il suo calore al ferro senza diminuire la propria res, anzi riempiendo di calore il ferro,

---

[204] BASILIO, *Omelia sulla santa generazione di Cristo* 2. Ed. crit. J.P. MIGNE, *PG* 31,1460C-1461A. Trad. di F. TRISOGLIO, *Cristo nei Padri. I cristiani delle origini dinanzi a Gesù. Antologia di testi*, 124-125.

allo stesso modo il Verbo comunica la propria potenza nella carne di Maria rimanendo al suo posto. Più precisamente, sempre per Basilio, come il ferro arroventato prende il calore del fuoco divenendo lucente, senza che il fuoco prenda il suo precedente color nero e senza che le fiamme si raffreddino, perché nello stato precedente il ferro era nero e freddo, allo stesso modo la carne di Maria si riveste del Logos, cioè della sua divinità, senza che trasferisce al Logos le sue proprie debolezze:

> Come dunque – si obietta – il Verbo divino non è stato riempito della debolezza propria del corpo? Rispondiamo: neppure il fuoco partecipa delle proprietà del ferro. Il ferro è nero e freddo, ma tuttavia, quando è arroventato, riveste la forma del fuoco: diventando anch'esso lucente non annerisce il fuoco e diventando anch'esso infiammato non raffredda le fiamme. Così pure la carne umana del Signore: prese direttamente parte alla divinità, ma non trasmise alla divinità la propria debolezza.[205]

● per mancanza della frammentazione del Verbo e del cambiamento fisico della madre:

---

[205] BASILIO, *Omelia nella santa generazione di Cristo* 2. Ed. crit. J.P. MIGNE, *PG* 31,1460C-1461A. Trad. di F. TRISOGLIO, *Cristo nei Padri. I cristiani delle origini dinanzi a Gesù. Antologia di testi*, 125.

Quanto al bambino, è nato pure per intero e non guastò affatto l'integrità della madre. La carne fu dunque generata dalla carne, ma senza il movente della passione.[206]

Durante la nascita il bambino Gesù esce dal grembo di Maria, così com'era fin dall'eternità unito alla carne umana che non fu sua ma l'ha attinta da quella di Maria per farla divenire sua, senza corrompere quella di Maria. Attingendola da Maria, la carne di Maria non la rese alterata ma rimase inalterata cioè com'era prima, perché Maria rimase integra nelle sue parti.

Il Verbo non corrompe la carne di Maria perché il movente del concepimento non fu la passione amorosa ma la volontà di Dio che, tramite lo Spirito, entrò in Maria senza ledere l'integrità psico-fisica della madre, come invece succede per tutti i bambini nati da donna, per cui dopo la maternità la madre perde parte di se stessa, rimanendo deturpata nel suo essere. L'essere di Maria non rimase in parte mutilato, né conobbe malattie *"non avendo contratto quella debolezza che, a causa del peccato, pervade la volontà"*.[207]

---

[206] GREGORIO NISSENO, *contro Eunomio* 2. Ed. crit. W. JAEGER, *Gregorii Nysseni Opera, contra Eunomium libri*, vol. II, 335. Trad. di Aa.Vv., *Testi mariani del primo millennio*, 326.
[207] GREGORIO NISSENO, *Lettera* 3. Ed. crit. W. JAEGER, *Gregorii Nysseni Opera. Epistulae*, vol. 8,2, 24-25. Trad. di Aa.Vv., *Testi mariani del*

A partire da ciò Giustino fa notare a Trifone che la profezia di Is 7,14 *"Ecco, il Signore stesso vi darà un segno. Ecco la vergine concepirà e partorirà un figlio"* si è realizzata in relazione al fatto che colui che doveva nascere in Maria non è frutto di un rapporto carnale,[208] ma *"opera della potenza e della volontà del creatore di tutte le cose"*,[209] in quanto

> lo Spirito del Signore sarebbe sceso su di lei e la potenza dell'Altissimo su di lei avrebbe steso la sua ombra, per cui il santo nato da lei sarebbe stato il Figlio di Dio; e rispose: Avvenga di me secondo la tua parola.[210]

Proprio perché la generazione del Verbo in Maria non è soggetta alla volontà dell'uomo; conseguentemente ne deriva che la generazione del Verbo non avviene per divisione, alla pari di tutti gli altri primogeniti nati dal rapporto carnale – per i quali vige la legge della riproduzione che è un meccanismo mediante

---

primo millennio, 327.

[208] GIUSTINO, *Dial.* 84,1. Ed. crit. M. MARCOVICH, *Iustini martyris. Dialogus cum Tryphone*, 215. Trad. di G. VISONÀ, *S. Giustino. Dialogo con Trifone*, 268-269.

[209] GIUSTINO, *Dial.* 84,2. Ed. crit. M. MARCOVICH, *Iustini martyris. Dialogus cum Tryphone*, 215. Trad. di G. VISONÀ, *S. Giustino. Dialogo con Trifone*, 269.

[210] GIUSTINO, *Dial.* 100,5. Ed. crit. M. MARCOVICH, *Iustini martyris. Dialogus cum Tryphone*, 243. Trad. di G. VISONÀ, *S. Giustino. Dialogo con Trifone*, 300-301.

il quale ogni organismo perpetua se stesso e la propria specie -, assicurando una precisa duplicazione del materiale genetico e la sua trasmissione alle successive generazioni. La riproduzione avviene sostanzialmente per divisione cellulare, che è un processo che permette a una cellula genitoriale di dare origine a cellule figlie.

Diversamente da tutti i bimbi nati da donna, il Verbo nasce senza che nel grembo di Maria venga recisa alcuna cellula durante la fase della gestazione e senza che venga persa una goccia di sangue (Gv 1,13). Maria resta intatta, perché nel suo corpo non c'è stata alcuna ombra di divisione cellulare -ovvero la legge della divisione dei cromosomi, che vige per tutti i bimbi nati da rapporto carnale; divisione che consegue alla unione dello sperma con l'ovulo-, né è rimasta menomata, perdendo sangue come avviene in tutte le donne quando partoriscono.

Sotto questo punto di vista l'essere stesso di Maria resta intatto al momento della nascita del Verbo perché colui che entra in lei viene dall'Altissimo, per cui ella rimane vergine nella maternità.

Quindi per quanto riguarda la nascita carnale di Gesù la modalità è la stessa come nel piano immanente di Dio: come nel piano immanente la generazione del Logos ha come effetto di non amputare l'entità del Padre, allo stesso modo nel piano economico la nascita del Verbo ha come effetto di non ledere il grembo di Maria, in quanto viene lasciato intatto rendendo Maria la sempre vergine:

> A tutti è noto che nella stirpe carnale di Abramo nessuno mai è stato generato da una vergine né mai si è sentito dire che lo fosse, se non colui che è il nostro Cristo.[211]

Pertanto nell'essere di Maria si rispecchia l'integrità ontologica di Dio, perché solo in un grembo puro, scevro da alcuna sorta di divisione e di menomazione, poteva prendere carne il figlio dell'altissimo.

---

[211] GIUSTINO, *Dial.* 66,4. Ed. crit. M. MARCOVICH, *Iustini martyris. Dialogus cum Tryphone*, Berlin-New-York 1997, 184. Trad. di G. VISONÀ, *S. Giustino. Dialogo con Trifone*, 230-231.

Bibliografia essenziale

Aa.Vv., *Testi mariani del primo millennio,* vol. I, Roma 1988.

ORBE A., *Il Cristo. Testi teologici e spirituali dal I al IV secolo,* Milano 1985.

RANDAZZO C., *Aspetti cristologici nel Dialogo con Trifone. Cristo al centro del dibattito teologico tra il cristiano Giustino e il giudeo Trifone nel Dialogo con Trifone,* Tricase (Le) 2011.

TRISOGLIO F., *Cristo nei Padri. I cristiani delle origini dinanzi a Gesù. Antologia di testi,* Brescia 1981.

www.ingramcontent.com/pod-product-compliance
Lightning Source LLC
Chambersburg PA
CBHW071624150726
48000CB00004B/1871